JOHANNES HEINRICHS

Demokratiemanifest

für die schweigende Mehrheit

Die "Revolution der Demokratie"
in Kürze

STENO

Erschienen im STENO Verlag

Varna - Sofia - München - Moskau - Warschau -
Chelmsford, Essex (UK) - Delaware (USA)

Originalausgabe

Erste Auflage 2005

ISBN 954-449-201-1

Vorwort: Karl Albrecht Schachtschneider

www.stenobooks.com

Inhalt

Vorwort

Johannes Heinrichs legt mit diesem Buch eine "Realutopie" vor. Seine Demokratielehre ist ebenso grundlegend wie umstürzend und notwendig. Grundlegend ist sie, weil sie auf einer elementaren Anthropologie aufbaut, nämlich seiner sozialen Reflexionstheorie. Umstürzend ist sie, weil sie dem Parteienstaat die Ideologie streitig macht. Sie ist notwendig, weil die Freiheit der Menschheit die Vision der Aufklärung und das Ziel aller Politik ist.

Heinrichs` Werk lehrt die Revolution im eigentlichen Sinne, nämlich als Befreiung zum Recht und zur Menschheit der Menschen.

Dass der Parteienstaat nicht die Antwort auf die grosse Frage der Aufklärung, ja der Menschheit, nach dem guten Leben aller sein kann, bewegt Johannes Heinrichs. Sein Entwurf differenziert anspruchsvoll, gibt aber der Demokratie die erste wirkliche Chance.

Heinrichs konzipiert vier Parlamente mit eigenständigen Aufgaben, eigenständiger Verantwortung und eigenständiger Besetzung, nämlich ein Grundwerteparlament, ein Kulturparlament, ein Politikparlament und ein Wirtschaftsparlament. Die Gesetze dieser Parlamente sind alle verbindlich. Das erfordert Kompetenzgrenzen oder Vorrangregelungen.

Neben der Vierheit des Legitimations-, des Kultur , des Politik- und des Wirtschaftssystems konzipiert Heinrichs eine weitere architektonische Dimension, nämlich die Dreiheit von Staat, Privatem und Öffentlichem, die heute schon praktiziert wird, aber noch nicht von einer sachgerechten Rechtsordnung gestützt ist. Sie ist, wie die Vierheit des Parlamentarismus, ein Strukturelement der Gewaltenteilung, erstmalig systemisch begründet.

Weiterhin will Heinrichs die direkte gegenüber der repräsentativen Demokratie stärken. Den Klassenstaat, den Parteienstaat und den Konfessionsstaat will er überwinden.

Johannes Heinrichs ist der beste Kenner der gegenwärtigen Sozialphilosophie. Er weiß sich für unsere Republik verantwortlich und unterbreitet einen wohlbegründeten Entwurf für ein menschliches Leben in allen Staaten dieser Welt.

Heinrichs' Werk ist ein großer Beitrag zur politischen Philosophie und ein großer Beitrag zur Demokratielehre. Ich werde helfen, seiner Revolution zum Siege zu verhelfen.

Aus dem Vorwort zu "Revolution der Demokratie" von 2003

Karl Albrecht Schachtschneider

Ordentlicher Professor für Öffentliches Recht an der Universität Erlangen – Nürnberg

Kapitel I

EINFÜHRUNG:
VOM SCHLAGWORT ZUM REIZWORT

Ein Gespenst geht um in Europa, das Gespenst der Demokratieverdrossenheit. Bisher trat es verschleiert unter den Namen „Politikverdrossenheit“ und „Staatsverdrossenheit“ auf. Das sind Verschleierungen, weil es um eine bestimmte Art von Politik und von Staat geht, die so pauschal benannt eher unbenannt und unerkannt bleiben.

„Parteienverdrossenheit“ kommt der Sache schon bedeutend näher. Nur wird dieses Wort von Parteileuten, die gern gegen „Politik-“ und „Staatsverdrossenheit“ polemisieren, nicht in den Mund genommen. Es kommt der bitteren Wahrheit zu gefährlich nahe.

„Demokratie“ war eines der größten Schlagwörter des 20. Jahrhunderts. Rückblickend könnte es einmal als das größte und zentrale des vergangenen Jahrhunderts überhaupt gelten, wie „Fortschritt“ für das 19. und „Aufklärung“ für das 18. Was allein dagegen spricht, ist dies Eine: Dass dieses Schlagwort ein bisher unerfülltes Versprechen geblieben ist, dass wir auch in den demokratischen Ländern allenfalls in einer Halbdemokratie leben. Genauer werden wir allerdings von einer Vierteldemokratie sprechen müssen. So genau kann sich leider das allgemeine Unbehagen nicht artikulieren.

Fragen Sie sich vorher noch ganz unbefangen und ehrlich, verehrter Leser: „Glauben“ Sie an unsere gegenwärtige Demokratie? In dem Sinn, dass unsere in Deutschland und seinen westlichen Nachbarn bestehenden öffentlichen Zustände der Idee von Demokratie sehr nahe kommen?

Definieren wir kurz diese Idee als: die Idee einer **Selbstregierung des Volkes** unter möglichst allseitiger Teilnahme. Es ist offensichtlich zweierlei, dieser Idee anzuhängen, und unsere gegenwärtigen Zustände für voll oder wenigstens befriedigend demokratisch zu halten.

Dieses Manifest wie schon das umfangreichere Demokratiebuch (von 2003) richtet sich nur an Menschen, die der Idee der Demokratie ernsthaft anhängen. Damit sind Missverständnisse schon einmal ausgeschlossen, was Extremisten linker oder rechter Couleur angeht. Ich wünsche sie mir nicht als Trittbrettfahrer - es sei denn, sie ändern ihre extremistischen Haltungen. Haltungen und Denkweisen zu ändern traue ich jedem einigermaßen intelligenten Menschen allerdings jederzeit zu. Von dieser Chance sollte keiner ausgeschlossen werden.

Es gibt vorsichtshalber keine offiziellen Umfragen zu der eben gestellten Frage, genauer gesagt zu den beiden Fragen:

- Glauben Sie, dass wir echte, befriedigende Demokratie haben?
- Glauben Sie an die Idee der Demokratie?

Das Ergebnis wäre zweifellos ernüchternd, ja vernichtend. Das können Sie durch persönliche Umfragen im Bekanntenkreis derzeit leichter als je feststellen - es sei denn, Sie würden hauptsächlich in der so genannten „politischen Klasse“ verkehren. Diese macht sich nämlich immer noch vor, sie würde die Bevölkerung repräsentieren. Dazu genügt es aber nicht schon, wenn der eine oder andere Vertreter dieser Klasse es auch einmal opportun findet, bei den derzeitigen Hartz IV-Protesten mit zu demonstrieren. Man hat noch keine Vertreter dieser Klasse gesehen mit Plakaten wie etwa *Revolution der Demokratie statt Kurieren an Symptomen*. Hier aber liegt der ganze, feine Unterschied.

Nun gibt es durchaus Menschen, auch außerhalb der politischen Klasse, die zögern mit ihrer Antwort auf die erste Frage, weil sie „realistisch“ sein wollen. Für diese einflussreichen und sehr respektablen Realisten, die ich auch unter meinen Lesern vermute, möchte ich folgende beliebten Vorurteile oder Halbwahrheiten kurz diskutieren:

1. Demokratie ist eine ziemlich schlechte Staatsform, aber es gibt keine bessere (Churchills Diktum).

Darauf antworte ich: Es gibt in der Tat keine bessere Staatsform als Demokratie, im Sinne unserer vorläufigen Definition, also einer tendenziellen Identität von Regierenden und Regierten. Einzige „kleine Schönheitsfehler“: Sie ist bis heute weder hinreichend durchdacht noch verwirklicht. Es gibt dagegen zuviel Verliebtheit in die Unvollkommenheit: meist als Weisheit und Realismus getarnte Trägheit oder Opportunismus der Wohlsituierten.

2. Die politische Wissenschaft zeigt, dass die Menschen doch im Großen und Ganzen mit der Demokratie zufrieden sind.

Die politische Wissenschaft hat aber in der überwiegenden Mehrheit ihrer Vertreter nicht den Mut zuzugeben, wie extrem unzufrieden die Menschen mit der real existierenden Demokratie sind. Und nicht die Courrage, die Berechtigung dieser Unzufriedenheit anzuerkennen. Auch die politische Wissenschaft wird von Menschen betrieben, die der politischen Klasse in der Regel nicht gerade fern stehen, die meist sogar - über Professorenstatus und -gehalt hinaus - zu ihr gehören wollen. Und sei es nur deshalb, um sich nicht weltfremd vorzukommen. Einziger mildernder Umstand für diesen Konformismus der Wissenschaft: Es sind keine alternativen Entwürfe in Sicht, außer der bisher wenig überzeugenden Bewegung für direkte Demokratie. (Das Thema Wissenschaft und ihre Freiheit wird sich überhaupt als eines der schwierigsten in der Demokratietheorie herausstellen.)

3. Wir können ja doch nicht viel ändern, am wenigsten unsere Verfassung.

Wer so spricht, hat schon den Kampf um die Demokratie verloren. Noch können wir soviel ändern, wie wir einsehen. Das wird allerdings nicht immer andauern. Das deutsche Grundgesetz lädt sogar noch immer ausdrücklich zu einer neuen Verfassung ein (Artikel 146 GG) - selbst wenn der europäische Konvent wieder einmal eine große demokratische Chance ungenutzt ließ und Volksabstimmungen über die neue europäische Verfassung, besonders in Deutschland, als äußerst störende Einmischung der Bevölkerung empfunden werden. Als Anlass zu peinlichen Grundsatzdiskussionen, für die wir doch so gar keine geeigneten Institutionen haben.

4. *Mag sie noch so unvollkommen sein, so gibt es doch keine Alternative zu dieser in kleinen Schritten „lernenden Demokratie".*

Dass wir bestenfalls Halbdemokratien haben, gehört zum wenig ausgesprochenen, aber gut gesicherten Volkswissen. Die politische Klasse und die, die vom Bestehenden profitieren, wollen dies verschweigen und konstruktive Alternativvorschläge nicht diskutiert haben. Angeblich gibt es „keine Alternativen". Wer solche auch nur in Teilbereichen aufzeigt, gilt dem im politischen Geschäft Kundigen als Theoretiker oder gar als „Populist", womit wohl ein fragwürdiges Bündnis mit der breiten Bevölkerung gemeint ist. Das „Volk, der große Lümmel" (Heinrich Heine) gilt als zu erziehendes, keineswegs ein mündiges.

Was kleine Schritte angeht, so machen wir sie derzeit, unter dem Einfluss und nach dem Vorbild der amerikanischen Terrorismus-Hysterie, eher rückwärts. Dabei sind nicht nur kleine Schritte zur strukturellen Verbesserung der berechtigten Demokratie-, nämlich Parteienskepsis, sondern durchaus größere Schritte, ja Sprünge, unumgänglich nötig. Sprunghafte Veränderung sowohl in Richtung ernstzunehmende Demokratie wie auch soziale Gerechtigkeit wären zudem die weitaus bessere, bei den Wurzeln ansetzende Terrorismusbekämpfung.

5. *Jeder kann nur bei sich selbst anfangen.*

Jeder muss in der Tat bei sich selbst anfangen, aber mit praxisbezogenem Denken für die Allgemeinheit. Dadurch geht der Einzelne bereits aus der privaten Hilflosigkeit in öffentliche Wirksamkeit über. Strukturelle Einsicht und Aufklärung über Zusammenhänge sind erste Demokratenpflicht. Dagegen stellt das Appellieren an die Moral der Einzelnen - als ob es auf ihn wirklich für die strukturellen Defizite ankäme - eine fatale Ablenkungsideologie dar. Moralische Vorsätze und Appelle sind, wie der Volksmund schon lange weiß, das Material, womit der Weg zur „Hölle" gepflastert ist. Der fragwürdige Ethik-Boom, wie ich ihn schon vor zehn Jahren nannte, leistet die perfekte Pflasterarbeit. Für solche Demokratietheorie von ganz unten sind nicht nur die von oben, sondern auch deren „alternative" Zuarbeiter zu haben.

Perfekt gelingt Ablenkung deshalb, weil wirklich niemand etwas dagegen sagen kann, dass die Menschen besser werden müssen. Dass es aber darauf ankommt, was aus dem moralischen Repertoire der Einzelnen - jeder das „Ensemble der gesellschaftlichen Verhältnisse" (Marx) - durch eben diese Verhältnisse abgerufen wird, wird gern von den Moralpredigern vernachlässigt. **Der Konformismus, das Mitläufertum, der Opportunismus, die in der Nazi-Zeit entscheidend waren - ist das alles in Nichts verschwunden?** Meines Erachtens trägt er heute nur schickere, modernere Masken. Aber gerade in dieser menschlichen Versuchung zum bloßen Mitlaufen liegt die moralische Verantwortung, solche Verhältnisse zu schaffen, die das Bessere und Beste aus den Menschen hervorlocken. Mit Appellen ist das noch niemals nachhaltig geschehen. Der Mensch ist weder von Natur aus gut noch von Natur aus schlecht, sondern von Natur aus gesellschaftlich versuchbar.

Die Halbwahrheit „Jeder kann nur bei sich selbst anfangen" verkennt das Wesen der Gesellschaft und der Gesellschaftlichkeit des Menschen - es sei denn, sie würde als Aufruf zur Aufklärung im Sinne des Selbstdenkens und des Nicht-Mitläufertums im Hinblick auf mancherlei allzu selbstverständlich hingenommenen gesellschaftlichen Einrichtungen verstanden.

6. Die soziale Wirklichkeit kann nur spontan von unten her aufgebaut werden.

Die Kräfte der spontanen Gemeinschaftsbildung von unten können nicht ohne das Bedenken des Ganzen, nicht ohne die gesamtgesellschaftlichen Rahmenbedingungen gedeihen. Die Weimarer

Republik gibt ein Musterbeispiel ab für unzählige wertvolle und hoffnungsvolle Reform-Aufbrüche von unten (sog. Lebensreform im Anschluss an die Jugendbewegung). All diese, auch mit der grünen Bewegung, wiedergekehrten guten Initiativen erwiesen sich damals leider als bloße Gesellschaftsspiele auf der untergehenden Titanic - weil man die politische Großwetterlage nicht ernst genug nahm. Und weil man sich in Deutschland „die" Demokratie nicht ernsthaft aneignete.

Das hätte freilich auf spezifisch deutsche, die klassische deutsche Philosophie (einschließlich Marx) weiterentwickelnde Art geschehen müssen. Dieser bescheinigte Heinrich Heine vor wie nach der gescheiterten bürgerlichen Revolution von 1848 weltgeschichtliche Bedeutung. Die deutschen Obrigkeiten ignorierten das und bauten ihr Reich auf Macht und industrielle Revolution: die deutsche Spaltung von Macht und Geist. Im Gefolge dessen hat sich ein Großteil der deutschen Intelligenz der Politik, auch dem westlichen Demokratieangebot, versagt. „Der deutsche Geist ist unpolitisch und wird es immer bleiben" (Thomas Mann 1918 in seinen *Betrachtungen eines Unpolitischen*). Zumal eine für schöngeistige Bürger gar garstige, proletarische Revolution 1918/1919 niedergeschlagen werden „musste". Das waren mindestens zweimal sehr spontane Bewegungen von unten, denen etwas fehlte, um erfolgreich zu sein gegen die Macht des Bestehenden - und der Gewalt.

Sind wir nicht heute, sechzig Jahre nach Kriegsende, in Deutschland aufgerufen, diesen unseren eigenen, aktiven Beitrag zur Weiterentwicklung unserer zweiten, importierten Demokratie zu leisten - statt uns nur passiv über die allmählich bedrohlich werdende Demokratie-Dekadenz beim einstigen großen Vorbild jenseits des Atlantik tatenlos zu wundern?

Das Berechtigte an der Forderung des spontanen Vonunten wird später mit dem Subsidiaritätsprinzip (Kapitel VIII) aufgegriffen. Doch darf man das Vorrecht der unteren, kleineren sozialen Einheiten nicht mit deren Vormacht verwechseln. Jenes Vorrecht muss bewusst geschützt werden, indem man vom Ganzen her denkt.

7. Denken hilft schon gar nicht, nachdem alles längst beredet ist.

Praxisbezogenes Denken ändert jedoch Haltungen und geht aufs Ganze, auf ganzheitliches Handeln. Darum, um Bedenken und Neudenken der umfassenden Strukturen handelte es sich schon in den beiden vorigen Punkten. Es bleibt gegenüber dem Vorurteil, das Denken nicht hilft und ändert, nachzutragen, dass ein qualifiziertes Bedenken der sozialen Strukturen gemeint ist, eine die Wirklichkeit greifende Sozialtheorie.

Das frei schwebende intellektualistische Hin- und Herräsonnieren ohne Folgen stellt dagegen ein missbräuchliches Halbdenken dar. Unsere derzeitige politische Philosophie und Wissenschaft haben in der Tat das Vertrauen in die weltverändernde Kraft des Denkens gründlich zerstört, das der klassischen deutschen Philosophie zu eigen war.

Die „kritische Theorie" der 68er-Bewegung hat auf der einen Seite bewiesen, wie stark philosophisches Grundlagendenken in die Politik einzugreifen vermag. Aber dieser Eingriff war fast nur negativ-kritisch. Viel „Staub unter den Talaren" wurde hochgewirbelt. Doch der setzte sich bald wieder ab. Was damals schon erforderlich gewesen wäre, war eine konstruktive Kritik. Erst recht nach der Fehlanzeige eines inzwischen geglückten „langen Marsches durch die Institutionen". Es gibt nur noch eine glaubwürdige Kritik: konstruktive Alternativvorschläge, wie der Staub „nachhaltig" zu entfernen ist. Eben deshalb werden solche Vorschläge gefürchtet und gern als „utopisch", „dogmatisch" usw. diffamiert, nicht zuletzt von jenen Erkenntnisbeamten, deren Versagen dadurch allzu offensichtlich wird.

8. Weltweit gesehen, könnten wir froh sein, wenn erst einmal alle Länder unsere Sorgen mit der Demokratie hätten.

Weltweit gesehen haben wir in unseren Halbdemokratien - wenn wir vorläufig diesen schmeichelhaften Ausdruck gelten lassen - die große Verantwortung, die Demokratie für die Entwicklungsländer attraktiver zu machen. Das gilt nicht zuletzt auch für die arabischen Länder. Solange wir z. B. nicht den legitimen Platz des Religiösen in unseren scheinbar aufgeklärten Demokratien klären, solange wir unklare Konfessionsstaatlichkeit in den deutschsprachigen Ländern (oder auf andere Weise in den USA) als Zuckerguss über total wirtschaftsdominierte Gemeinwesen zur Alternative anbieten, sind unsere Demokratien weder glaubwürdig noch attraktiv.

Die kommende Weltmacht China etwa wird sich hüten, diese Art von „kapitalistischer Demokratie" als Beigabe zum westlichen Kapitalismus zu übernehmen. Solange wir im Westen nur überzeugende Technologie, doch keine überzeugenden Sozial- und Demokratie-Entwürfe anzubieten haben, wird diese entscheidende Zukunftsmacht mit Recht zurückschrecken. Zumal die gepriesenen Menschenrechte unteilbar sind: Man kann nicht das Recht auf freie Meinungsäußerung trennen etwa von effektiver Freiheit der Presse (auch von der Marktsteuerung) oder vom Menschenrecht auf Arbeit, also Recht auf solche Wirtschaftsverhältnisse, die arbeitswillige und -fähige Menschen gleichberechtigt in den gesellschaftlichen Prozess zu integrieren vermögen.

9. Heute steht erst einmal die ökologische Frage auf der Tagesordnung.

Der Öko-Dringlichkeitsalarm seit dreißig Jahren führt zur Erhöhung des zivilisatorischen Stresses, aber in der Sache nicht entscheidend weiter, weil keine angemessenen politischen Handlungsstrukturen organisiert sind. Haben die vorhandenen ökologischen Einsichten etwa in unserem Bundestag eine adäquate Chance? Die scheinbaren Natur-Probleme sind in Wahrheit ein riesiges Gesellschafts- und Demokratieproblem. Wir brauchen Institutionen, gemeint sind Parlamente, in denen über ökologische Fragen kompetent, transparent und gesetzeswirksam gestritten werden kann. Selbst von ökologisch höchst engagierten Abgeordneten höre ich:

„Tatsache ist, dass der Markt jetzt unwiderruflich global ist, während die den Markt steuern sollende Regelsetzung und der zugehörige Parlamentarismus national geblieben ist. Überspitzt gesagt: Die Regierungen der Welt holen sich ihre Hausaufgaben nicht mehr in erster Linie von ihrem Volk, sondern von Ratingagenturen, Pensionsfonds, Analysten und auf sie hörenden Wirtschaftsjournalisten. Sie tun das in der *zutreffenden* Annahme, dass es dem Land und dem Volk *noch* schlechter ginge, wenn der ‚Standort' von den Investoren gemieden wird. Und sie lassen sich ihr Tun (siehe Agenda 2010) von ihren Parteien formaldemokratisch absegnen" (aus einem Brief des Bundestagsabgeordneten Prof. Ernst Ulrich von Weizsäcker an den Verfasser vom 9.2.2004).

Hier kommt zur ökologisch-ökonomischen Problematik noch die von nationaler Selbstständigkeit und Globalisierung hinzu. Wenn es so ist, wie hier beschrieben, sind die nationalen Demokratien am Ende. Ließe sich etwa auf deren Trümmern eine internationale, globale Demokratie aufbauen?

10. Am allerdringlichsten sind aktuell die Probleme der Wirtschaftspolitik, des Sozialstaates, der Sozialpolitik: Arbeitslosigkeit, Steuern, Rente, Gesundheitswesen usw.

Doch gerade an diesen Sachproblemen des Sozialstaats zeigt sich die Demokratie-Problematik derzeit besonders krass: Das Parteiensystem ist systemisch unfähig zu sachlicher Politik. Selbst die besten offiziellen Lösungsansätze kommen in die Mühlen der Parteistrategien nach dem Muster: Welchen Vorteil oder Nachteil haben die Regierungspartei, wenn die Opposition ihrer Politik zustimmt? Derzeit holt die rot-grüne Koalition offenbar die Kastanien des „notwendigen" Sozialabbaus aus dem Feuer. Wenn die jetzige Opposition zu heftig zustimmt, wird sie von denen, die jetzt protestieren, nicht in die Regierung gewählt werden. Aber braucht sie diese sozial Benachteiligten überhaupt für den Regierungswechsel?

Man sieht, in unserer Demokratie wird es durchaus wieder interessant, wenn nicht sehr kritisch. Ob wir aber bei der Chance dieser Krise das tiefer liegende Demokratieproblem selbst, als vernunftbegabte Wesen, endlich adäquater angehen? Oder nutzen wir das Gespött und die Drohungen der Extremisten von Links und Rechts erneut allein dazu, auf dem alten Weg der angeblich „goldenen“, in Wahrheit verlogenen Mitte noch eine Zeitlang weiter zu schlingern? Inzwischen wird „Demokratie“ immer mehr vom einst hoffnungsvollen Schlagwort zum unglaubwürdigsten Reizwort. Wie lange kann das gut gehen? Wo sind eigentlich die Lösungsvorschläge aus dem Berliner „Wissenschaftszentrum für Sozialforschung“ oder anderen, millionenschweren Hochburgen der Sozialwissenschaften?

Kapitel II

GESCHICHTLICHE ORIENTIERUNG:
DEMOKRATIE VON GESTERN

Demokratie noch nichts Fertiges

Einerseits ist die moderne Demokratie menschheitsgeschichtlich so jung, dass sie bis heute nicht als etwas Fertiges gelten kann. Sie ist kaum zwei Jahrhunderte hindurch bis heute in einem mühsamen Suchprozess begriffen! In dieser Einsicht liegt ein bedeutsames Korrektiv gegenüber dem verbreiteten Demokratie-Triumphalismus.

Demokratie ist allüberall noch ein unabgeschlossener Suchprozess. Dies nicht zuzugeben, beruht auf Täuschung, im passiven oder aktiven Sinn des Wortes.

Beispielsweise: Das allgemeine Wahlrecht unter Einschluss der Frauen wurde erst 1930 in England und erst 1971 in der Schweiz auf Bundesebene eingeführt! Wenn man also das Kriterium „allgemeines Wahlrecht" anlegt, wird deutlich: Die sich unter aller Ermahnungs-, Bejubelungs-, Erbauungs- und Detailabzählungs-Literatur zur Demokratie biegenden Bücherregale täuschen leicht darüber hinweg, in welch zartem Jugendalter sich demokratische Theorie und Praxis noch befinden. Die Aufbruchsstimmungen, besonders in Deutschland nach 1945 wie die leider nur sehr kurze von 1989, lassen das manchem, der nach dem jeweiligen Ende der Diktaturen aufgeatmet hat, unglaublich erscheinen.

Auch die Demokratie in Amerika ist durchaus keine so frag- und fleckenlose Angelegenheit, wie sie sich in der Selbstdarstellung von Siegern darstellt, selbst wenn wir von den jüngsten alarmierenden Entwicklungen seit dem 11. September 2001 noch absehen. Die Lagerwahlkämpfe, die sich dort abspielen, hatten für Europäer schon immer etwas Unverständliches, schwer ernst zu Nehmendes. Dieser Zweifel hat sich seit der inkorrekten Stimmenzählung von

Florida, mit denen George W. Bush ins Amt gelangte, und den weltbekannten Fragwürdigkeiten des Irak-Krieges ernorm verstärkt.

Die theoretischen Unsicherheiten und praktischen Mängel sind jedoch nicht sosehr das Ergebnis eines Verfalls von etwas einmal großartig Etabliertem. Sie sind die im Laufe der Zeit stärker sichtbar werdenden Leistungsgrenzen, **das Unausgedachte und Unversuchte am Bisherigen.**

Ein Vergleich: Ist es eine Schmach für die Pioniere des Automobilbaus vor über hundert Jahren, wenn heute keiner mehr mit ihren Modellen reisen will? Die Gesetze des technischen Fortschritts lassen sich sicher nicht einfach auf die gesellschaftliche Entwicklung übertragen. Dennoch kann uns der Vergleich zu denken geben. Was sich nicht entwickelt, und manchmal sprunghaft, wird mit den neuen Anforderungen der Zeit untauglich.

Zumal in Deutschland wird es Zeit, wie schon erwähnt, dass wir Demokratie von einem Nachkriegs-Importartikel der Siegermächte zu etwas eigenständig Durchdachtem und Gelebtem gestalten! Dies würde eigentlich die wiedergewonnene Souveränität ausmachen.

Demokratie etwas Uraltes

Wenn auf der einen Seite die „westliche“ Demokratie als etwas allzu selbstverständlich Gegebenes, etwas zuwenig Hinterfragtes und gedanklich Fundiertes gelten muss, so besteht auf der anderen Seite ein anderer Hauptmangel der üblichen Geschichtsschreibung über Demokratie darin, dass die neuzeitliche Demokratie als eine späte Frucht der Menschheitsentwicklung hingestellt wird, mit dem angeblich einzigen Vorspiel der griechischen Polis, das auf die Philosophen zurückgeht.

Demokratie kann jedoch auch als **die älteste Regierungsform** angesehen werden. In vielen frühen Kulturen dürften Formen direkter Demokratie auf lokaler Ebene praktiziert worden sein. Leider ist die Literatur dazu bisher spärlich. Diese Tatsachen scheinen nicht recht in das eurozentrische, einlinige Fortschrittsdenken zu passen.

Was nicht in den Zeitgeist passt, wird bekanntlich auch weniger erforscht, zumal wenn dies anspruchsvoller ist als die Selbstbelobigungshistorie.

Anthropologische Basis dieser historisch ungewohnten These einer ursprünglichen Demokratie, sagen wir vorsichtshalber Proto-Demokratie, ist, dass der Mensch von Anfang an in solidarischer Gemeinschaft mit Seinesgleichen lebte: in Gemeinschaften, die sich selbst die Regeln gaben. Anders als miteinander solidarisch konnten die frühen Menschen und Menschengruppen gar nicht überleben. Die älteste Selbstregierungsform kann solche Proto-Demokratie nur sein, wenn sie die dem Menschen naturgemäßeste Form des Zusammenlebens, der Gemeinschaftsorganisation ist, was in Kapitel III durch ein Stück philosophischer Anthropologie untermauert werden wird.

Die Begriffe „Demokratie" und „Rechtsstaat"

Demokratie wurde hier bereits als Selbstregierung des Volkes bezeichnet. In der amerikanischen Unabhängigkeitserklärung von 1776, zur Lostrennung der Kolonien von England, verbunden mit der „Erklärung der Menschen- und Bürgerrechte", kam die neuzeitliche Demokratie als Baby voll zum Durchbruch, natürlich nicht ohne gedankliche Zeugung in der europäischen Aufklärung. Die bald folgende Feuertaufe des Babys für Europa selbst bildete dann die französische Revolution von 1789.

Definitorisch berühmt wurde, fast hundert Jahre später, die so genannte Gettysburg-Formel für Demokratie von Abraham Lincoln aus dem amerikanischen Sezessionskriegsjahr 1863: ***„government of the people, by the people, for the people"***.

(Zwanzig Jahre vorher war bereits das bis heute gerühmte Buch des Franzosen Alexis de Tocquevilles *Über die Demokratie in Amerika* erschienen. Doch Tocquevilles Bewunderung für das in Amerika erlebte Prinzip Demokratie darf nicht mit Bejahung aller faktischen Verhältnisse verwechselt werden! Zumindest der Süden der Vereinigten Staaten war damals noch eine Sklavenhaltergesellschaft, was ja Hauptanlass für den Sezessionskrieg war.)

Alle drei von Lincoln benutzten Präpositionen weisen mit unterschiedlichem Nachdruck auf Wesensmerkmale der Demokratie hin:

- dass in der Demokratie die Herrschaft **aus** dem Volk hervorgeht (of),
- dass sie **durch** das Volk ausgeübt wird (by);
- und dass diese „Herrschaft", besser Regierungsmacht, **für** das Volk, d.h. in seinem Interesse (for) ausgeübt wird.

Alles das ist in der schlichten Formulierung „Selbstregierung eines Volkes" implizit schon enthalten. Begriff und Wort „Herrschaft", womit das griechische *kratein* in herrschaftlichen Zeiten lieber übersetzt wurde, können wir getrost entbehren und mit „Regierung" übersetzen. Machtausübung ist darin zwar mitgedacht, nicht jedoch der Unterschied von Herren und Knechten.

Selbstregierung eines Volkes hat etwas mit „Selbstbeherrschung" zu tun. Manche Gelehrte wollen dagegen in „Selbstregierung", in der Identität von Regierten und Regierenden, eine Unmöglichkeit, gar einen Widerspruch erkennen. Im Gegenteil, wir werden gerade diese reflexiven Selbst-Verhältnisse als wesentlichen Zug sowohl von Subjektivität wie von Sozialität antreffen.

Was in Lincolns Formel noch nicht deutlich wird, ist das Verhältnis von Demokratie und Rechtsstaat. Der letztere beinhaltet „Herrschaft" der Gesetze, des Rechts, und zwar eines möglichst gerechten Rechts. Die konstitutiven Monarchien, wie wir sie um 1900 in fast allen europäischen Staaten hatten, waren bereits Rechtsstaaten, auch ohne schon demokratische Selbstregierung der Völker zu sein. Selbst wenn sich einige Staaten damals bereits mit dem Titel „Republik" oder „demokratische Republik" schmückten.

Rein logisch sind **„Herrschaft des Rechts"** und **„Herrschaft des Volkes"** voneinander ablösbar. Doch eine Herrschaft des Rechts ohne Herrschaft des Volkes bedeutet Minderheiten-Herrschaft (Oligarchie, z.B. auch Parteien-Oligarchie). Umgekehrt muss eine Volksherrschaft ohne ausgeprägte Rechtsstrukturen zur Willkürherrschaft eines Pöbels führen - zu dem, was Platon und Aristoteles unter Demokratie verstanden. Aus demselben Grund zog noch Kant die Bezeichnung **„Republik“** vor **„Demokratie“** vor. Man kann sagen, dass „Republik“ mehr die Herrschaft des „öffentlichen“ Rechts im Gemeinwesen betont, „Demokratie“ dagegen die Herrschaft des Volkes.

Die „Herrschaft des Rechts“ wird in der europäischen Geschichte eher von der **liberalistischen**, vorzüglich in England beheimateten, Linie vertreten. Sie ist an *balance of powers* und an Eindämmung der obrigkeitlichen Willkürmacht orientiert, am Recht der Individuen gegenüber der Obrigkeit. Sie bildet die für die Entwicklung westlicher Demokratien wirkmächtigste Linie. In dieser spielt zugleich die Repräsentation des Einzelnen durch Entsendung von Vertretern in Parlamente eine besondere Rolle.

Heißt dies aber, dass die andere, die **direktdemokratische Linie** der „Herrschaft des Volkes“ - von den frühgeschichtlichen direkten Demokratien über Rousseau, Marx und die bestehenden Reste direkter Demokratie (in der Schweiz wie in vielen kleineren Gemeinschaften und Gemeinwesen) bis zur gegenwärtigen Bewegung für „mehr Demokratie“ - im demokratischen Rechtsstaat heutiger liberalistischer Prägung aufgehen kann und überflüssig geworden ist?

Fragen/Aufgaben

Gibt es eine innere, nicht bloß oberflächliche Synthese von direkter und liberal-repräsentativer Demokratie? Das Ziel unseres Gedankengangs ist mindestens dreifach:

- eine innere Synthese von repräsentativer und direkter Demokratie,
- eine Lösung des schier unlösbar scheinenden Parteienproblems,
- eine Lösung für das verhängnisvolle, scheinbar unvermeidliche Wirtschaftsübergewicht in unseren bestehenden Demokratien - auf Kosten der in Feiertagsreden beschworenen „höheren Werte“.

Das Gespenst der Demokratieverdrossenheit lässt sich nur bannen, wenn wir auf diese Fragen überzeugende Antworten finden.

Wenn wir uns auch eingestehen, dass trotz des gegenteiligen Anscheins „unsere westlichen Demokratien“ und unsere so phrasenhaft viel beschworene „freiheitlich-demokratische Grundordnung“ noch keineswegs über das Halbstarkenstadium hinausgewachsen sind. Weder in der Praxis noch, wie die Menschen „auf der Straße“ gutgläubig annehmen, in der Theorie.

- Was heißt denn Mehrheitsprinzip? Besteht das Wesen der Demokratie im Niederknüppeln einer Minderheit durch eine Mehrheit, die ihre vorgebliche Macht vertrauensvoll an Wenige abgibt?
- Welche Rolle spielt das Vertrauen bei der Repräsentation, und wodurch wird es gerechtfertigt? Worin besteht die Souveränität des Volkes? Darin, dass sie abgegeben wird?
- Wie stehen eigentlich die Interessengruppen mit ihren berühmten Lobbyisten zu den Parteien und welchen rechtmäßigen Platz haben sie in einer „pluralistischen“ Demokratie?
- Wie ist das mit dem anderen Pluralismus der Weltanschauungen und Religionen und den gemeinsamen Werten? Gibt es trotzdem eine demokratische „Wertegemeinschaft“?
- Welche Chancen haben eigentliche die Werte, deren Verfall stets beklagt wird, angesichts der unleugbaren Volksweisheit, dass das Geld die Welt regiert? Sind Kapitalismus und Demokratie eigentlich miteinander vereinbar?

Die Fragen ließen sich leicht vermehren. Zum Glück beantworten sich viele einschlussweise, wenn einige grundlegende richtig beantwortet werden. Dazu muss aber sozialphilosophisch grundlegend angesetzt werden, ab jetzt.

Kapitel III

DER SYSTEMISCHE GRUNDANSATZ: VOM HANDELNDEN MENSCHEN ZUM SOZIALEN SYSTEM

Der Mensch: Unendlichkeits-Chimäre auf seinen eigenen Kathedralen?

Nach allgemeiner, besonders nach-aufklärerischer Überzeugung wird Gesellschaft in all ihren Formationen von den Menschen selbst hervorgebracht. Es ist bisher nur eine einzige Systemtheorie der Gesellschaft aufgetreten, die erklärt, Gesellschaft gehe aus „Kommunikationen" hervor, die von Niklas Luhmann. Das ist insofern anti-aufklärerische Raffinesse, als ausgeblendet bleibt, woher diese Kommunikationen denn stammen. Diese sind offensichtlich Formen menschlichen Handelns. Es war immer ein Wesenszug der Aufklärung, die menschlichen Sinn- und Unsinns-Produkte auf ihren Ursprung im eigenen (geistigen) Handeln zurückzuverfolgen. Mit Luhmann erst trat eine „Soziologische Aufklärung" auf (so der Titel mehrerer Aufsatzsammlungen von ihm), die just mit dem Gegenteil, mit der Entfremdung dieser Produkte von ihrem Ursprung, arbeitet. Eine raffinierte intellektuelle Rolle rückwärts!

Allerdings gab es bislang auch keine einzige Theorie, die den offensichtlichen Ursprung sozialer Systeme aus dem menschlichen Handeln wirklich plausibel macht, also den Übergang von Handeln zu Systemen aufklärt. Um 1970 herum stritten sich die großen Sozialtheoretiker jener Zeit, Niklas Luhmann und Jürgen Habermas, noch um diese Frage, ob und wie menschliches Handeln mit sozialen Systemen zusammenhängt. Der Streit wurde stillschweigend beigelegt, indem Luhmann Theorie von „Systemen" (Sinngebilden mit Innen-Außen-Unterschied wie bei biologischen Organismen) betrieb, bei denen fortschreitend von menschlichem Handeln nicht mehr gesprochen werden musste;

und indem auf der anderen Seite Habermas zwar die „bösen" Systeme wie Geldsystem und Rechtssystem als Tatsachen anerkannte, aber den handelnden, erlebenden und beobachtenden Menschen in seiner eher kuscheligen „Lebenswelt" platzierte. Verbindungen zwischen Lebenswelt und Systemen wurden nicht näher ausgemacht.

Beide Positionen sind gleichermaßen unbefriedigend. Sie forderten den Autor allerdings heraus, zunächst ganz alt-aufklärerisch das *missing link* zwischen Handeln und System herauszufinden. Und das besteht nach seiner seit 1975 vertretenen „Reflexions-Systemtheorie des Sozialen" im Prinzip der interpersonalen oder sozialen und damit nicht nur theoretischen, sondern **praktischen Reflexion**.

Durch dieses Prinzip gelingt es, die Verbindung zwischen handelnden Menschen und ihren selbsterrichteten System-Kathedralen wieder herzustellen. Der Mensch bleibt nicht, wie bei Luhmann, „Unendlichkeitschimäre auf seinem grauen Stein von Notre-Dame", wie Gottfried Benn schon kurz nach dem Zweiten Weltkrieg das Grundgefühl des Menschen gegenüber der von ihm selbst hervorgebrachten staatlichen und wirtschaftlichen entfremdeten „Megamaschine" ausgedrückt hat. (In dem Gedicht *Verlorenes Ich*. „Chimären" werden die merkwürdigen dämonischen Fabelwesen genannt, die als Wasserspeier oder sonstiger bizarrer Schmuck die gotischen Kathedralen zieren.) Wenn der Mensch nicht weiß, wie im Prinzip diese Entfremdungsgebilde entstehen, kann er sie sich auch nicht wieder aneignen. Ausweichen in eine ebenfalls unverstandene traute „Lebenswelt" hilft da auch nicht.

„Durch soviel Formen geschritten, durch Ich, durch Wir, durch Du": die Sinn-Elemente

Mit dieser Überschrift wird noch einmal Gottfried Benn zitiert (diesmal das Gedicht *Nur zwei Dinge*), weil er hier die großen „Dinge" benennt, die keine Dinge sind, sondern Reflexionswesen.

"Ich" ist ein Reflexionswesen, weil zum Ich-Sagen fundamental der Selbstbezug des Menschen zu sich selbst gehört: seine Reflexionsfähigkeit. Reflexion und Selbstbezüglichkeit sind dasselbe. Die Selbstbezüglichkeit des Menschen zeigt sich in seiner Fähigkeit, „Ich" zu sagen. Diese Fähigkeit ist allerdings auch vorhanden, bevor er „Ich" sagt und wenn er mal gerade nicht „Ich" sagt. Wie Kant treffsicher sagt: „Das *Ich denke* muss alle meine Vorstellungen *begleiten können*" (*Kritik der reinen Vernunft*, B 131). Die Fähigkeit zur (wenigstens punktuellen, d.h. nicht vollständigen) Selbsterkenntnis durch Reflexion unterscheidet das Reflexionswesen Mensch vom Tier (dessen Bewusstsein durch eine „unvollständige Reflexion" gekennzeichnet ist, was es so überaus interessant für „sich selbst" entdeckende Kinder und alle Menschen macht). Wir können von einer **gelebten Reflexion** oder reflexivem Leben sprechen, im Unterschied zur nachträglichen, nach-denkenden, theoretischen Reflexion.

Richtig **praktisch** wird die menschliche Reflexion jedoch erst, wenn sie sich auf ein **Du** richtet, das selbst ein ich-haftes Reflexionswesen ist. Praktisch sein, heißt verändern. Indem Ich mich sprechend auf ein Du richte, bin ich praktisch. Denn ich verändere dieses Du, sobald es mich auch nur zur Kenntnis nimmt. Und natürlich umgekehrt. Bevor wir diese praktisch-soziale Reflexion und ihre Stufen weiterverfolgen - sie wird sich als das systembildende Prinzip herausstellen - soll das dritte Reflexionswesen zum Thema werden.

„Wir" gibt es nicht erst bei Gruppen, sondern schon in der Zweierbeziehung: die Gemeinsamkeit, der gemeinsam aufgebaute Sinn-Raum, besonders (aber nicht allein) durch Sprechen miteinander. Dem derartig aufgebauten „Zwischen" (wie Martin Buber dieses Wir nannte), liegt jedoch ein immer schon vorausgesetztes Medium der Gemeinsamkeit zugrunde. Die Sprache steht für dieses Medium zwischen Menschen. Doch liegt der Sprache schon ein vorgängiger Sinnraum zugrunde. Sonst könnten sich Sprecher verschiedener Sprachen nicht verständigen, und sei es „mit Händen und Füßen". Diesen vorgängigen Sinnraum nenne ich nicht nur „Apriori der Kommunikationsgemeinschaft" wie der Frankfurter Philosoph Karl-Otto Apel. Denn er ist nicht nur ein je subjektiver Gedanke „a priori" (aller weiteren Füllung vorweg), sondern eine tatsächliche sinnhafte Gemeinsamkeit. Ich nenne es **Sinn-Medium**, sei es aller konkreten Kommunikation vorweg als bloßer, überkultureller Alles-Gedanke, zu dem jeder Mensch fähig ist, sei es als kulturelle, sprachliche Konkretisierung, sei es als soziale Gemeinsamkeit wie Werte und Normen, sei es nur als das konkrete Zwischen der einzelnen Begegnung.

Der Begriff **„Sinn“** wird hier in einer ganz neutralen Bedeutung verstanden: Gehalte wie z. B. Wortgehalte, die in Bewusstseinshandlungen vollzogen werden. Die Einheit von Gehalt und Bewußtseinsaktivität heißt hier Sinn. (Wenn die „dialektische“ Einheit von Vollzug und Gehalt nicht festgehalten wird, ergibt sich dagegen Entfremdungs- und Verdunkelungsgefahr.)

Es ist jetzt schon abzusehen, dass alle Füllungen oder Konkretisierungen des Sinn-Mediums (als eines zunächst unendlichen und unendlich offenen Gehaltes) aus der wechselseitigen Reflexion der beiden Reflexionswesen Ich und Du hervorgehen, allerdings unter Einbeziehung von kulturellem „Stoff“, geschichtlich von den schon mitgebrachten Gehalten der Beteiligten.

Wenn wir jetzt noch die Welt der nicht-selbstreflexiven Dinge, des Es, hinzunehmen, können wir diese Elemente, als Sinn-Elemente aller Begegnung, in folgendem Schema zusammenfassen:

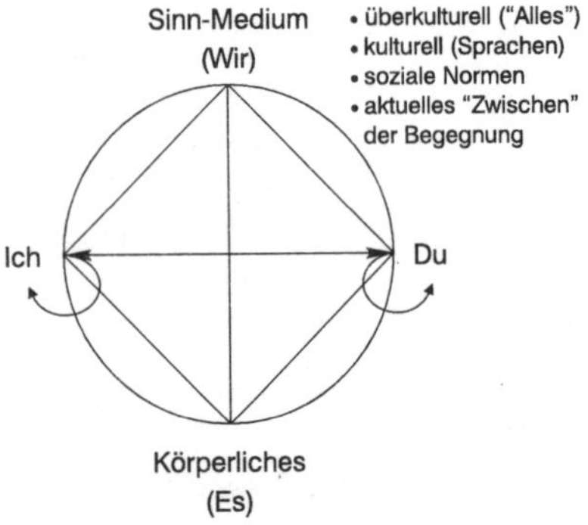

Figur 1: die vier Sinnelemente des Handelns

Der Mensch ist: leibhaftiges Wesen der Selbstreflexion (von daher der Freiheit), aber von Anfang an in Interaktion mit Natur (Dingen), mit Seinesgleichen und dem unendlichen Sinn-Medium. All diese Instanzen sind Vermittlungsinstanzen seiner „großen" Selbstreflexion, was der große Kreis andeuten will. Die kleine Selbstreflexion ist dagegen nachträglich und theoretisch. Insofern stellt jedes Ich ein „großes Ich" dar, während das „kleine Ich" der Selbstobjektivierung nur eine Vorstellungs-Fiktion ist.

Dieses Gefüge der Sinn-Elemente könnten wir bereits „System" nennen: ein vollständiges Ganzes einer Reihe aufeinander bezogene Elemente. Man kann dieses vom Ich her betrachten (personales System) oder vom Wir her: als soziales System. Aber dies wäre soweit noch ein statisches, noch kein dynamisches Verständnis von System. Dynamische sind zugleich reale Systeme, während man bei statischen System-Gefügen die Frage stellen kann, ob sie nur gedankliche Systematik darstellen.

Interpersonale Reflexion als Prinzip dynamischer Sozialsysteme

Ein dynamisches Verständnis von interpersonalen bzw. (bei Einbezug vieler Interaktionspartner) sozialen System ergibt sich nun dadurch, dass wir die Reflexionswesen Ich und Du (Ego und Alter) aufeinander reflektieren lassen, jedoch praktisch (nicht durch die bloße, in der Sozialwissenschaft schon länger bekannte „Perspektivenübernahme", die eine je theoretische Reflexion bleibt).

Praktisches Handeln wird die Reflexion dadurch, dass sie den Zustand des jeweils Anderen ändert. Nehmen wir als alltäglichstes Beispiel den Blick:

(1) Ich blicke den Anderen an (schon wissend zwar, dass dieser „Gegenstand" ein anderer Mensch ist): einfache Beziehung.

$$P_1 \longrightarrow P_2$$

Figur 2a: unreflektierte Intentionalität

(2) Ich blicke den Anderen an, sofern er selbst blickt: reflektierte Beziehung.

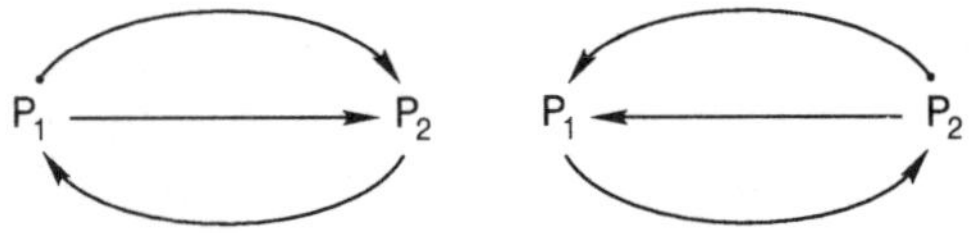

Figur 2b und 2c: einseitige Interessenverfolgung unter Reflexion der Intentionen des Anderen

(3) Ich blicke den Anderen an, sofern dieser mich als Blickenden anblickt und sich eine Gegenseitigkeit des Blickes herstellt: doppelt reflektierte und gegenseitige Beziehung.

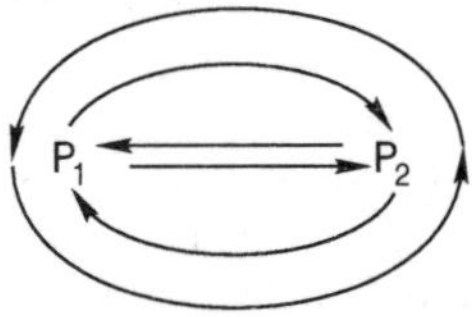

Figur 2d: vereinfachte Schematisierung der doppelt-gegenläufigen Reflexion

(4) Ich nehme zu dieser faktischen Gegenseitigkeit des Blickes Stellung (ablehnend, freundlich, forschend, fragend usw.) und nehme sogar zur Stellungnahme des Anderen Stellung: nochmalige Reflexion der Gegenseitigkeit oder Abschlussreflexion.

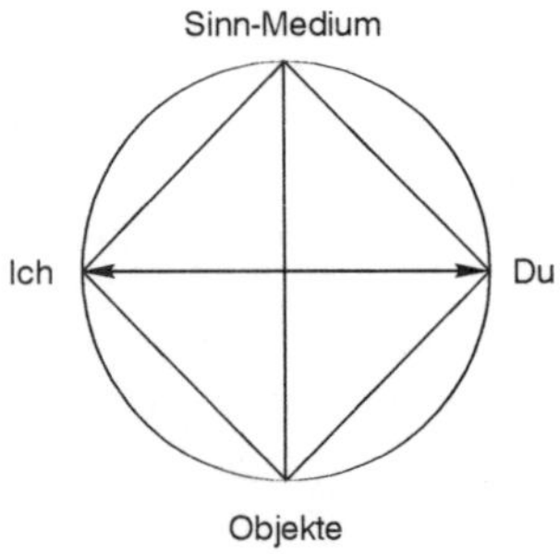

Figur 2e: der systembildende interpersonale Reflexionskreis

Von hier an kann es nicht weitergehen, außer mit neuem Stoff. Aber es kann nicht mehr höher reflektiert werden. Strukturell ist ein Abschluss erreicht. Uns interessiert hier nur das Strukturelle, nicht die Inhalte und Wertungen dabei.

Meist bleibt diese Stufung wie überhaupt das alltägliche Blickgeschehen ganz implizit oder, wie man sagt, „unbewusst". Das Unbewusste ist implizites Bewusstsein. Sozialtheorie muss diese sozialen Strukturen ausdrücklich machen - ähnlich wie die Psychoanalyse oder Biologie und Medizin das (in anderem Sinn) unbewusste Funktionieren unseres Körpers.

Das soziale Handeln wurde „klassisch" von Max Weber als **Orientierung des Handelns am Verhalten anderer** definiert. Wenn wir diese „Orientierung" als interpersonale, gelebte und zugleich praktische Reflexion mit obiger Stufung weiter denken, zeigt sich eine entscheidende **strukturelle Konstante**: die Vierstufung des sozialen Handelns. Die oben im Blick aufgezeigten Reflexionsstufen können überwiegende Komponenten konkreten sozialen Handelns werden:

(1) instrumentales Behandeln des Anderen,
(2) strategisches Berücksichtigen des Anderen für die eigenen Interessen,
(3) kommunikatives Eingehen auf die Erwartungen und Wünsche des Anderen,
(4) metakommunikatives Eingehen auf die Voraussetzungen und Normen des sozialen Miteinanders

Hier werden mehrere Ausdrücke von Habermas in eine systematische Stufenordnung gebracht, die dieser als solche mitsamt ihrem Prinzip, dem Reflexionsprinzip, nicht erkannt hat. Deshalb konnte er keine systemische Sozialtheorie entwickeln (während sein Kontrahent Luhmann einen völlig abstrakten, unterbestimmten Systembegriff hat und aus dieser Not mit vielen „dialektischen" Manövern eine Tugend zu machen suchte). Die soziale Reflexion liefert die Antwort auf die in jener Habermas-Luhmann-Diskussion unbeantwortet gebliebene Grundfrage, wie es vom individuellen Handeln zum sozialen System kommen kann.

Praktisch-soziale Reflexion ist der Baustoff, das Bindemittel, aber auch das architektonische Prinzip des Sozialen schlechthin. Sie wird nur voll erkannt, wenn man zugleich ihre wesentliche, folgenreiche Struktur als Vier-Stufung erkennt.

Das heißt, der Reflexionskreis, der die beteiligten Akteure zu einem System zusammenschließt (horizontale Reflexion), wird nur verstanden, wenn und dadurch dass man die vertikale Stufung und deren strukturellen Abschluss versteht:

Figur 3a: horizontaler Reflexionskreis zwischen Person 1 und Person 2

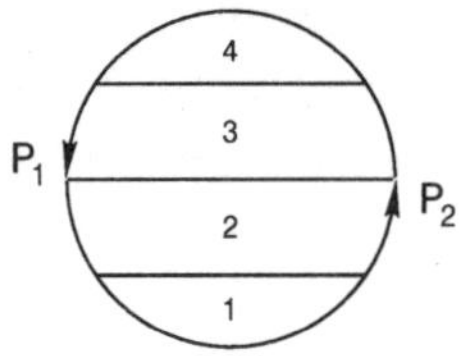

Figur 3b: die gleichzeitige vertikale Reflexionsstufung

Kapitel IV

SPRUNG IN DEN GROSSEN ORGANISMUS: DIFFERENZIERUNG VON SUBSYSTEMEN

Statt des in den letzten Jahrzehnten von Freund und Feind arg strapazierten System-Jargons soll hier gleichbedeutend, aber anders klingend, der Begriff des Organismus mit eingeführt und verwendet werden. Auch dieser hat zwar eine leidvolle Geschichte, insofern oft biologische Modelle und Analogien recht unbesehen auf die soziale Wirklichkeit übertragen wurden.

Mit dem Prinzip der sozialen Reflexion (und allein mit ihr) ist jedoch das benannt, was das soziale Leben tatsächlich in Analogie setzt zum biologisch-organischen Leben, ohne dass wir Berührungsängste vor bloß äußerlicher Analogiebildung haben müssten.

Was den Organismus auszeichnet, ist besonders dies, dass er für sich selbst ein Zweck ist, also eine Selbstbezüglichkeit im weiteren Sinn von Selbstzwecklichkeit hat, allerdings nicht in dem strengen Sinn von Selbstbewusstsein, und dass er autopoietisch ist, das heißt, sich unter bestimmten Bedingungen selbst herstellt und wieder herstellt. Das gilt für soziale Organismen in hohem Maße: Sie sind zwar nicht ohne die Handlungen und Bewusstseinshandlungen der Individuen möglich und erklärbar. Das heißt jedoch nicht, dass sie nur aus dem bewussten Willkürwollen der Beteiligten hervorgehen. Vielmehr machen sich gerade die „organisch" gewachsenen (nicht willentlich organisierten) sozialen Einheiten unbewusst oder wie über die Köpfe der Beteiligten von selbst. Eben das darf nicht dazu verleiten, diesen autopoietischen Zug mit dem Abschneiden des Zusammenhangs zwischen den handelnden Einzelnen und dem Systemen zu verwechseln (wie bei Luhmann und seiner Schule).

Die Struktur, die im vorigen Kapitel an der primären, privaten Interpersonalität aufgezeigt wurde, soll nun „kühn", aber trotz der Kürze nicht ganz unbegründet, auf die großen sozialen Systeme übertragen werden, insbesondere auf die staatlich organisierte Gesellschaft. Auch hier kennt man zwar die Unterscheidungen irgendwie schon immer, z.B. aus Politikerreden. Der für Theorie und Praxis entscheidende Fortschritt liegt indessen zwischen dem „Irgendwie" und der reflexionslogisch klar fundierten Unterscheidung.

Was nämlich oben an der Intentionalität der einzelnen Akteure als Reflexionsstufung sichtbar wurde, das führt in bereits gebildeten Sozialsystemen zu analogen Systemfunktionen:

(1) Das instrumentale Behandeln oder der Umgang mit dem Andern in Bezug auf objektive Güter führt vom Ganzen des sozialen Organismus her zur Systemfunktion Wirtschaft. Das ***Subsystem Wirtschaft*** wird von einer bestimmten Entwicklungs- oder Differenzierungsstufe an gebündelt in dem Medium **Geld**, das heute ja ein merkwürdiges Eigenleben über den realwirtschaftlichen Vorgängen entfaltet.

(2) Das strategische Handeln in der Sphäre der unmittelbaren Interpersonalität führt vom Ganzen her zum Subsystem ***Politik***, gegründet auf dem alle willkürliche Macht der Akteure bändigenden Medium **Recht**, der Grundlage des neuzeitlichen Rechtsstaates.

(3) Das kommunikative, verständigungsorientierte Handeln der Einzelnen ergibt in seiner systemischen Summe vom Ganzen her das ***Subsystem Kultur***, dem Inbegriff der Kommunikation, der Sitten und Gebräuche eines sozialen Organismus bis hin zu den künstlerischen Äußerungen eines Gemeinwesens. Für alles Kulturelle ist **Sprache** das grundlegende Interaktions-Medium. (Kunst selbst ist, was hier nicht näher ausgeführt werden kann, eine gelebte, nicht bloß nachträglich beredende Meta-Sprache, eine Sprache jenseits der Sprache.)

(4) Das metakommunikative, normenorientierte Handeln der Einzelnen bildet im Gesamtsystem die Handlungsgrundlage und Analogie für das Subsystem ***Legitimations- oder Grundwerte*** das sich heute in einer Pluralität von

Weltanschauungen, ethischen Einstellungen und Lehren, Religionen und transreligiösen, spirituellen Einstellungen zeigt. Als gemeinsames Medium ist auszumachen: die zugrunde liegenden **Axiome und Riten**.

Der Übergang von der subjektiven oder personalen Perspektive (Systemreferenz) zur sozialen oder kollektiven Perspektive ist vielleicht das Schwierigste, aber auch das Wichtigste, damit die Systemebenen in Zahl und Reihenfolge nicht als willkürlich konstruierte erscheinen. Denn mit willkürlichem Konstruktivismus lässt sich das soziale Leben vielleicht noch analysieren, aber nicht verändern und steuern.

Man sollte, um den Perspektivenwechsel zu üben, z.B. verstehen, dass im wirtschaftlichen Leben durchaus alle Handlungskomponenten und Handlungsarten der einzelnen Akteure möglich und nötig sind: nicht nur sachbezogenes Behandeln des Anderen, auch strategisch berechnendes, auch angenehme, echt menschliche Kommunikation, sogar ethisches Verhalten. Dennoch wird für die Systemebene Wirtschaft als solche der Sachbezug maßgebend. Und dieser wird vor allem hergestellt, geradezu erzwungen durch das vereinheitliche Medium der wirtschaftlichen Vorgänge, somit dieses ganzen Subsystems, das Geld.

Ähnlich ist auf allen Systemebenen die systemische, vom sozialen Ganzen her bestimmte Perspektive von der individuellen streng zu unterscheiden - obwohl die Subsysteme nur von der Analogie zum Handeln und seinen Reflexionsstufen in Zahl und hierarchischer Reihenfolge unterschieden werden können.

Die Systemebenen sind nach demselben Reflexionsstufenprinzip weiter zu untergliedern. Dies lässt sich für das staatliche Haus zusammenfassend so darstellen:

Figur 4: das zweidimensionale Viergliederungshaus (Oikos)

Diese Subsysteme oder organismischen Ebenen sind bei aller Gesellschaftsbildung stets latent vorhanden, deshalb ja auch stets in der Diskussion, aber meist auf unklare und daher folgenlose Weise.

Die „Moderne" ist nun aber gerade zutiefst durch den Prozess der realen **Differenzierung** dieser Systemebenen gekennzeichnet: Trennung von Politik und Weltanschauung/Religion, ebenso wesentlich die Trennung von Religion und autonomer, emanzipierter Kultur in Wissenschaft, Kunst usw. Es handelt sich, wie man leicht sieht, nicht um Kleinigkeiten und intellektuelle Feinheiten, sondern um weltgeschichtliche Dramen, deren Austrag viel Blut gekostet und auch geistig ungeheure Kämpfe erfordert hat - die noch keineswegs abgeschlossen sind, nicht einmal in Europa.

Das Erregende ist, dass wir den tieferen Anliegen der Moderne noch längst nicht in allem gerecht geworden sind und lieber ins unbestimmt „Postmoderne" ausweichen, als unsere modernen, evolutionär anstehenden „Schulaufgaben" zu machen: Das bedeutet, jener latenten „Viergliederung" in politischen Institutionen auf theoretisch klare und praktisch wirksame Weise Rechnung zu tragen.

Es braucht nicht betont zu werden, dass das Modell des Hauses nicht dazu verleiten darf, die Beziehungen zwischen seinen „Stockwerken" statisch zu sehen. Ganz das Gegenteil ist der Fall. Auch werden die hierarchischen Beziehungen bald durch den zirkulären Gesichtspunkt von Kreisläufen ergänzt werden.

Für die inzwischen oft eher modischen als besonnenen Nachhaltigkeits-Beflissenen: Wenn „Nachhaltigkeit" in einem spezifisch sozialen Sinn nicht länger ein bloßes Anhängsel an die Natur-Ökologie sein soll (was aber in der viel bemühten, nur scheinbaren Dreiheit von ökologisch - ökonomisch - sozial stets der Fall ist), dann muss sie als **Kreislauffähigkeit** eben dieser sozialen Organismus-Ebenen verstanden und verwirklicht werden.

Nur eine selbst nachhaltige, d.h. kreislauffähige Gesellschaft kann auch mit der Natur nachhaltig umgehen. Damit kommen wir allmählich zum praktischen Kern der ganzen Untersuchung.

Kapitel V

DIE PRAKTISCHE KERNFORDERUNG: VIER „HERZKAMMERN“ DER DEMOKRATIE

Kommunikation als Schlüsselfrage

Alle, aber auch wirklich alle Probleme unserer Gesellschaft hängen an der einfachen Frage: Wer kommt zu Wort, und wie können die Wortmeldungen geordnet aufeinander bezogen werden? Die Probleme der Gerechtigkeit, also von Arm und Reich, die Ernährungsprobleme der Welt, die Probleme mit der Natur und ihren Schätzen, Arbeitslosigkeit und Verkehr, Frieden und gerechte Grenzen, Gerechtigkeit auch in den Bildungschancen - alles das ist sachlich lösbar, hängt aber von der einen Schlüsselfrage ab: Wie können die Menschen sachlich und friedlich, womöglich verständnis- und vertrauensvoll diese Lösungen aushandeln? Und zwar indem alle Betroffenen, das sind alle, zu Wort kommen?

Dies scheint eine Frage der persönlichen Anständigkeit und Friedfertigkeit zu sein, aber gerade das ist eine naive oder bewusste Täuschung: Es ist vor allem eine Frage der öffentlichen Institutionen.

Das fatale Gefühl, in der Gesellschaft gar nicht erst gehört zu werden, das ist der Kern des Ohnmachtgefühls, das die große Mehrheit unserer Mitbürger beschleicht, und zwar durch alle Schichten hindurch: Vom Obdachlosen, der aus der angeblichen Leistungsgesellschaft heraus gefallen ist und sich nur noch geduldet und mitgeschleppt fühlt, zum sozial eng benachbarten Sozialhilfeempfänger und zum (soeben teils gleichgestellten) Arbeitslosen, über den „einfachen Arbeiter” bis hin zum kreativen Selbstdenker und hochkarätigen Spezialisten, Erfinder, Wissenschaftler, Schriftsteller: unzählige Männer und Frauen, welche die Dinge klarer zu sehen glauben, als sie in der veröffentlichten Meinung zur Sprache kommen - millionenfach kocht die unbändige Wut, in dieser Gesellschaft überhaupt nicht gehört zu werden. Das hat offensichtlich viel mit unserer „Kulturindustrie" (Th. W. Adorno) und der Wirtschaftsabhängigkeit des Ganzen zu tun. Aber eine Beziehung zur parlamentarischen Demokratie? Ist das nicht etwas weit hergeholt?

Wer so denkt, für den ist Demokratie etwas dem wirklichen gesellschaftlichen Leben Äußerliches und Fremdes, etwas bloß Formelles. Man kann es ihm/ihr nicht übel nehmen. Denn auf dieses Denken werden wir notgedrungen, vom „System" her, zurecht gestutzt - natürlich mit moralischen Appellen und Ruckreden verschleiert, die alle behaupten „Es kommt auf dich an" - während die Wahrheit ist, dass all jene Genannten nicht zu Gehör kommen, was die Grundvoraussetzung wäre, wenn es auf jemand ankommen soll. Das heißt, dass die gesellschaftliche Kommunikation über die offiziellen Kanäle nicht zureichend funktioniert. Das ist die schon vielfach verdrängte Verbindung von diesem so weit, gerade auch bei den Wachsten und Tüchtigsten, verbreiteten Ohnmachtgefühl zum Demokratieproblem.

Diese institutionelle Kommunikation kann in größeren gesellschaftlichen Gebilden, also sobald wir über eine Dorf- oder Betriebsversammlung hinausgehen, nur ein parlamentarisches System leisten, wenn auch nicht allein. Volksabstimmungen können und sollten ebenfalls eine Rolle spielen. Doch keine Demokratie kommt ohne beratende und gesetzgebende Versammlungen aus, die einen das ganze Volk vertretenden, das heißt „repräsentativen" Charakter haben wollen. Wie der Repräsentationsgedanke zum Gedanken der direkten Demokratie steht, wird zur Sprache kommen. Auch wenn dies zwei unterschiedliche Prinzipien sind, können sie unmöglich in ausschließendem Gegensatz zueinander stehen. Sie stehen nicht wie Feuer und Wasser, sondern wie Erde und Wasser oder Luft und Wasser zueinander - um die „feurigen" Debatten über direkte Demokratie von vornherein aus falscher Gegensatzbildung heraus zu halten.

Parlament kommt vom Französischen *parler = sprechen*, als Gleiche (lat. *pares*) miteinander reden und hat über das englische parliament im 17. Jahrhundert die heutige Bedeutung von Volksvertretung angenommen.

Ein Parlament will also Organ des gesamtgesellschaftlichen Miteinanderredens, der Kommunikation in ihrer gestuften, gegenläufigen Reflexionsstruktur sein. Wenn wir heute wieder einmal nicht allzu viel vom Parlament halten, nicht viel mehr, als von der „Quatschbude” zu Kaisers und Diktators Zeiten gehalten wurde, dann ist das Anzeichen einer gravierenden Fehlkonstruktion bzw. eines inzwischen alarmierenden Entwicklungsstillstandes. Nicht allein in Deutschland. Andere Länder haben ihre Präsidenten gleich unabhängiger gemacht von dieser offenbar krisenanfälligen, labilen Einrichtung. Es scheint in den bisherigen Demokratien nicht ohne sie, aber auch nicht so ganz mit ihr zu gehen.

Der Blutkreislauf und die vier Herzkammern

Die Kommunikation ist das Herzblut der Gesellschaft - nicht das Geld, ihr Ökonomisten aller Couleurs!

A propos Herz: Um das Blut durch einen großen Organismus zu pumpen, bedarf es des Herzens. Das ist noch gar nicht so lange bekannt. Das Herz wurde durch Jahrtausende hindurch irgendwie als mysteriöse Mitte des Organismus, nicht aber zugleich als treibender Motor eines Kreislaufsystems erkannt. Dies wurde erst im 17. Jahrhundert durch den englischen Arzt William Harvey (1578-1657) entdeckt, und zwar zugleich mit dem doppelten Blutkreislauf und dem Vier-Kammer-System des Herzens. Durch diese zunächst, wie üblich, bekämpfte wissenschaftliche Großtat änderten sich alle möglichen Grundvorstellungen (Paradigmen) der Medizin.

Wer heute sagen würde: „Was nützt es zu wissen, dass das Herz eine rechte und eine linke Hälfte mit je einer Haupt- und einer Vorkammer hat?”, würde nicht nur als intellektuell desinteressiert, sondern als minderbemittelt und destruktiv, einfach als verrückt angesehen. Das heißt nicht, dass jeder den Blutkreislauf und die Funktionsweise des Herzens im Einzelnen erklären können muss.

Es geht um die Respektierung einer Erkenntnisrevolution und der vielen praktischen Fortschritte, die sich daraus ergeben. Und wäre Respektierung künftig, in ähnlichen Fällen, vielleicht schon etwas früher möglich, in einer aufgeklärt und kommunikationsfähig sein wollenden Gesellschaft?

Übrigens hat das Ungeborene zunächst nur eine einzige Herzkammer. Der Differenzierungsprozess findet bis zur Geburt statt und muss gelingen, wenn das Herz des Neugeborenen gesund sein soll…

Ohne nun das Bild des biologischen Herzens für die Funktionsweise unseres Parlamentarismus zu überdehnen, gar argumentativ in Anspruch zu nehmen, möchte ich doch die Notwendigkeit eines ähnlichen Umdenkens in Sachen Demokratie nahe legen. Zu argumentieren „Es ist ja schon mit einem Parlament schwierig genug - wie soll es dann erst mit vieren klappen?" könnte den Scheinargumenten von Harveys Zeitgenossen gleichen.

Die Erkenntnis des sozialen Blutkreislaufs und seines Herzens, des Parlamentarismus, steht nun vierhundert Jahre später ebenfalls an!

Genauer, diesmal geht es nicht um Erkenntnis vorgefundener biologischer Evolutionsprodukte und um deren mühsame Rekonstruktion, sondern um Erkenntnis von Gesetzen zur Konstruktion der gesellschaftlichen Wirklichkeit aus Freiheit und Einsicht.

Heutige Parteien: das Problem statt der Lösung

Sobald man die Nachhaltigkeits-Frage in Bezug auf unser derzeitiges demokratisches System und die Machtverteilung in ihr zulässt, zeichnet sich Folgendes ab: Politische Macht wird heute mittels der Parteien verteilt. Das ist allgemein bekannt und geduldet.

Weniger bekannt ist, dass nur etwa zwei Prozent der erwachsenen Bevölkerung in diesen Selbstbedienungsläden der Machtverteilung organisiert und aktiv sind. Manche behaupten gar, dies sei eine Negativauslese. Doch lassen wir unseren Parteimitgliedern, dass sie überdurchschnittlich interessiert sind an öffentlichen

Dingen. Und dass zumindest diejenigen, die Parteiämter übernehmen, auch überdurchschnittlich begabt und einsatzbereit, wenngleich meist auch überdurchschnittlich ehrgeizig, an Macht interessiert sind.

Zu dem geringen Prozentsatz an Parteimitgliedern erklären die Parteiaktiven regelmäßig und immer wieder frisch drauflos: “Ja, wer nicht mitmacht, kann natürlich auch nicht mitbestimmen. Wenn du eine partizipative, eine Beteiligungsdemokratie willst statt einer Zuschauerdemokratie - dann musst du eben mitmachen. Das geschieht natürlich zwangsläufig in einer der Parteien. Theoretisch könnte man auch neue gründen. Aber du weißt, wie schlecht die Chancen stehen, die 5-Prozent-Klausel zu überwinden.” So einfach und „zwangsläufig“ ist das also?

Eine bei Intellektuellen und Politologen beliebte Fragestellung ist die, was unser Grundgesetz mit der „Mitwirkung” der Parteien meint: „Die Parteien wirken bei der politischen Willensbildung des Volkes mit” (Artikel 21,1 GG). Diesen Gelehrtendisput brauchen wir nicht ausführlich auszubreiten. Es genügt die schlichte Einsicht, dass „Mitwirkung” unmöglich ein Machtverteilungsmonopol beinhalten kann.

Aus jenem vom Grundgesetz formulierten Auftrag an die Parteien zur „Mitwirkung” ist eine Parteienherrschaft geworden. Und dies nicht allein über Parlament und Regierung, sondern bis weit in Verwaltung und Rechtsprechung, ja bis in scheinbar unparteiliche Ämter in solchen Institutionen wie Schulen und Universitäten hinein. Der Missstand wird nicht dadurch geringer, dass es nicht mehr einfach eine der großen Parteien ist, die ihre Leute in die Ämter hinein patroniert, dass dies vielmehr im stillschweigenden Proporz geschieht, eine Komplizenschaft der politischen Rivalen. Und dies auf Kosten der politischen Vernunft gerade da, wo sie am meisten zu erwarten und unbedingt zu fordern ist, im Bereich der Wissenschaft: Um ein erfolgreicher Wissenschaftler zu werden, sollte man besser einer Partei und/oder einer Gewerkschaft oder wenigstens einer der beiden großen Kirchen angehören.

„Naturgemäß" gibt es keine verfügbaren Statistiken über die Zahl der Stellenbesetzungen an den Universitäten sowie im öffentlichen Dienst allgemein, die mit dem Parteibuch innigst zu tun haben. Wer diese üblichen Verfahrensweisen für unvermeidlich und natürlich hält, hat einen irgendwie normativen Begriff von gewaltenteiliger und transparenter Demokratie längst aufgegeben, zugunsten einer Klüngelwirtschaft. Unbehagen und Resignation, mangels Alternativen, sitzen tief bei vielen Millionen, ja bei der großen Mehrheit. Eine schweigende Mehrheit! Denn wo käme sie zur Sprache? Etwa in der von alledem nicht gerade unbehelligten Presse?

Selbst Meinungsumfragen geben zweifellos ein geschöntes Bild, weil die Befragten sich das ganze Ausmaß ihrer Resignation bei direkter Befragung nicht eingestehen wollen. Die Demokratiemüdigkeit unterliegt der berühmten Schweigespirale: „Die Verlierer tendieren zum Schweigen" (E. Noelle-Neumann). Und in Bezug auf das Funktionieren der Demokratie sind wir alle, die wir uns als Demokraten verstehen, derzeit Verlierer, ob wir es zugeben oder nicht.

Verbändemacht und das bei den Parteien abgelieferte Gewissen

Die getroffenen Feststellungen werden kaum dadurch abgeschwächt, dass unser Parteienstaat zugleich ein Verbände-Staat ist. Auf jeden Bundestagsabgeordneten zählt die informierte Presse rund drei honorige Lobbyisten, also mit Druck und Lockungen (z.B. auf lukrative Nebenposten für die Abgeordneten) arbeitende Vertreter von wirtschaftlichen und gesellschaftlichen Interessen-gruppen. Diese ständige Vertretung der mächtigen Verbände hat ungleich mehr Einfluss als jene andere, ganz inoffizielle „ständige Vertretung des Volkes", die sich Tag für Tag in die Schlange vor dem Reichstagsgebäude reiht, um dessen herrliche neue Kuppel zu sehen und ein wenig Glanz und Elend deutscher Geschichte zu spüren. Vor allem aber fühlen sie den Unterschied zwischen Macht und Ohnmacht: die Macht der

Wenigen unten im Plenarsaal und die Ohnmacht der Vielen oben in der Spirale der Machtlosigkeit.

Sehen wir uns den politischen Alltag an, so behält das Ohnmachtgefühl des Einzelnen mehr Recht, als die meisten ahnen. Macht haben nur die Parteien und die mit ihnen liierten Verbände.

„Das professionelle Interessenvertreten hat trotz Kanzlerschelte Konjunktur. Mehr als 4000 Verbände sitzen rund um den Reichstag, rund 1700 von ihnen sind in der so genannten Lobbyisten-Liste des Deutschen Bundestages eingetragen. 1974 waren es gerade mal 635 Organisationen. Demnach kommen heute auf jeden Abgeordneten des Bundestages mehr als drei Interessenverbände, die auf sie einwirken. Die offizielle Lobby-Liste umfasst 59 Din-A-4-Seiten und reicht von ABDA - Bundesvereinigung Deutscher Apothekenverbände bis zur Zukunftsaktion Kohlegebiet, deren Zukunftsaktion allerdings darin“ besteht, die Kohlevergangenheit möglichst lange zu konservieren“ (M. Feldenkirchen, in: *Das Parlament* 6./13.1.2003, S. 9).

Die Abgeordneten haben scheinbar eingesehen, dass die Vertreter der Interessenverbande ihrer Macht gar nichts anhaben können, denn sie allein sind ja schließlich „die Vertreter des ganzen Volkes, an Aufträge und Weisungen nicht gebunden und nur ihrem Gewissen unterworfen” (Artikel 38, 1 GG). Es wäre zuwenig, wenn ihre unabhängigen Gewissen allein durch den so genannten Fraktionszwang Nachhilfe erfahren würden.

Den gibt es zwar nach dem Grundgesetz gar nicht. So mancher Fraktionsvorsitzende musste schon daran erinnern und für die Dummen im Lande erklären, dass diese Disziplin mit Beschneidung der Gewissensfreiheit des einzelnen Abgeordneten absolut nichts zu tun habe und dass ohne „Fraktionsdisziplin”, wie es schöner heißt, parlamentarische Arbeit unmöglich würde. Schließlich könne ja jeder seinem Gewissen folgen, müsse nur die Konsequenzen ziehen, was die nächste Aufstellung auf einen Listenplatz oder gar zum Direktkandidaten angehe.

Disziplin wäre eine schöne deutsche Eigenschaft - doch nur, wenn sie Disziplin primär gegenüber Vernunft und Gewisseneinsicht und dadurch Dienst am Gemeinwohl wäre. Die obrigkeitlich missbrauchte Disziplin ist jedoch schlimmer als keine. Deshalb genießt die deutsche Disziplin keinen guten Ruf mehr, mögen die Parteisekretäre die Fraktionsdisziplin noch so jesuitisch mit dem freien Gewissen des Abgeordneten in Übereinstimmung bringen. Sein funktionierendes Urteil und Gewissen wäre die einzige Rechtfertigung für repräsentative Demokratie. Diese beruht allein auf dem Vertrauen der Wähler in Einsichtsfähigkeit und Gewissen ihrer Vertreter.

Der unabweisbare Konflikt zwischen freiem Urteil und Gewissen der Abgeordneten und Fraktionszwang wird vertuscht! Das Argument, sonst sei keine "parlamentarische Arbeit" mehr möglich, gemeint ist die Mehrheitsbeschaffung für die Regierung durch ihren Parteienblock, schafft diesen Konflikt in keiner Weise aus der Welt. Es ist nur ein pragmatisches Argument, dass Regieren sonst nicht gehe. Bei näherer Hinsicht ist es jedoch ein gewaltiges Argument gegen diese Art von Parteiendemokratie: Diese funktioniert nur, wenn der Abgeordnete sein ihm grundgesetzlich zugesichertes eigenes Gewissensurteil bei der Parteiführung abgibt. Dieses Dilemma zu leugnen, ist eine der vielen strukturellen Unehrlichkeiten unseres gegenwärtigen parlamentarischen Systems.

Schon suchen sich die Regierenden besser wieder die ihnen genehmen Geheimräte aus - wie es derzeit in Form von Ethikrat, Nachhaltigkeitsrat von Kanzlers Gnaden geschieht. Es entsteht so eine neue "Konsultative", weil die alte, legitimierte Konsultative, die parlamentarische Legislative, überfordert ist. Das ist, unter dem Vorwand von Ethik, ein struktureller Rückschritt in einen neuen Feudalismus! Es stünde jedem Abgeordneten zu, sich Ratgeber hinzuziehen, erst recht dem Parlament als ganzem steht es zu. Der Regierung steht es dagegen nicht zu, neue Verfassungsorgane zu schaffen, die das Parlament, ohnehin schon Spielball der Parteienblöcke, weiter entmachten. Entweder ist das Parlament, mit allen zur Hilfe herangezogenen Experten, selbst das beauftragte konsultative und dann aus eigener Einsicht und Verantwortung beschlussfassende Gremium - oder es hat bereits geistig ausgedient. Letzteres ist leider der Fall! Unser Parlamentarismus gerät mehr und mehr zur Fassade.

Es geht um Strukturelles

Sicher, unsere Abgeordneten und Parlamente sind derzeit strukturell überfordert, weil sie sich mit allen Politikbereichen befassen sollen, dies aber unmöglich qualifiziert können. Eben dafür gibt es eine echt parlamentarische Lösung, die in diesem Kapitel entfaltet wird.

Das Wort “strukturell” soll hier einem falschen Moralisieren und persönlichem an den Pranger Stellen vorbeugen. Wir sprechen eben nicht von persönlichen Defekten der Abgeordneten. Die mögen noch hinzukommen wie in jedem Lebensbereich. Die Abgeordneten wie auch die überwiegende Mehrheit der Parteimitglieder sind ehrenwerte und intelligente, oft sehr fähige und fleißige Menschen. Der Fleiß und die Fachkenntnisse, auch der gute Wille unserer Abgeordneten sollen hier ausdrücklich nicht in Frage gestellt, sondern im Gegenteil anerkannt werden. Man kann auch sie großenteils als Opfer unserer nervenaufreibenden Halbdemokratie betrachten.

(Ob die Höhe der Vergütung vergleichsweise gerechtfertigt ist, darf hier dem höflichen Schweigen überlassen werden, um nicht vom Wesentlichsten abzulenken. Auch der fleißigste und begabteste wissenschaftliche Schriftsteller könnte nicht von seinen Büchern allein leben. Also muss des Sängers Höflichkeit schweigen, um nicht den reflexartigen Neid-Vorwurf der stets gut gestellten „Tüchtigen“ auf sich zu ziehen.)

Es ist von etwas Strukturellem die Rede. Im Unterschied zum gängigen Moralisieren und zu appellierenden Ruck-Reden. Gäbe es nicht schon hervorragende Bücher zur Parteiendemokratie wie die von Hans Herbert von Arnim, der akribisch auch auf die finanziellen Aspekte des “Systems” eingeht, oder Erwin Scheuch, der es besonders auf Macht- und Ämterverfilzung abgesehen hat, sowie von weniger bekannten, aber gut informierenden und nachdenklichen Autoren, dann müsste hier viel ausführlicher über diese Missstände gehandelt werden. Wir dürfen aber die Verfalls- und Missbrauchserscheinungen an allen Enden und Ecken, die genau mit dem Parteienklüngel zusammenhängen, als im Prinzip bekannt, ja insgeheim auch von der politischen Klasse anerkannt voraussetzen, um darüber hinaus zu gehen.

Das Grundübel der Einheits-Parteien: strukturelle Unsachlichkeit

Ein Stück weiterer Vertiefung der Analyse führt schon fast selbst zur Lösung. Über einen Grundzug unseres gegenwärtigen Parteienwesens wird kaum irgendwo gehandelt: **Dass mit Fleiß Fronten aufgebaut werden, die nicht entlang den Sachfragen verlaufen.**

Lassen wir die Weltanschauungs-Geschichte des Parteiensystems in Deutschland oder gar in den „Mutterländern" der Demokratie hier außer acht. Was unsere großen Parteien wollen, ist weltanschaulich kaum noch unterscheidbar. Geblieben aber ist die sachfremde Blockmentalität.

Sie herrscht auch dann noch, wenn es einer Bewegung wie den Grünen gelingt, sich als Parlamentspartei zwischen den großen Blöcken zu etablieren. Aber auch die Grünen bilden inzwischen eine Partei alten Stiles. Was der Unterschied zwischen Bewegung und Partei hätte bleiben können, wurde nicht auf den Begriff gebracht, wie überhaupt die mangelnde Denkarbeit zugunsten von gerade nicht "ganzheitlicher", emotionaler Spontaneität ein schwerwiegender Mangel der Grünen war.

Es ist nicht der Unterschied zwischen außerparlamentarischem und innerparlamentarischem Auftreten, sondern: zwischen **offener, aber sachorientierter Bewegung** und **fester Blockbildung**, was den entscheidenden Unterschied ausmacht und wodurch die Grünen in die alte Parteienfalle geraten sind.

Feste Blockbildung führt zur Zusammenbindung von Themen, die gar nicht zusammengehören. Hierin liegt das wenig thematisierte Grundproblem der Parteien alten Stiles.

Was hat zum Beispiel der Schutz der Natur, Hauptthema der Grünen, mit ihrer mehr oder weniger offiziellen These zu tun, dass Nationen und ihre Sprachen Gebilde von gestern sind, die eigentlich aufgelöst gehören? Wenn man das mit Vernunft betrachtet, kann man eher einen Gegensatz zwischen beiden Positionen finden: Biotope sollen geschützt werden, doch in Jahrtausenden gewachsene kulturelle Einheiten wie die Nationen und deren Sprachen nicht, jedenfalls nicht unbedingt die deutsche? Die Grünen binden heute beide Themen geradezu widersprüchlich zusammen.

Was soll nun der Wähler tun, wenn er für ökologischen Landbau im Sinne der Grünen, jedoch auch für Erhalt der Nationen und eine dementsprechende Zuwanderungspolitik, etwa im Sinne einer *Gastfreundschaft der Kulturen* (Heinrichs 1994) votieren will, das am ehesten noch (wenn auch gedanklich unklar genug, weil keine Partei die Kulturfragen als solche vertritt) von CDU/CSU vertreten wird? Er befindet sich im Dilemma und schließt sich, da er einfach weder sachgemäß noch emotional "sauber" entscheiden kann, am liebsten der großen Partei der Nichtwähler an.

Ebenso befindet sich im Dilemma, wer eine bestimmte Wirtschaftspolitik der CDU oder auch der FDP gutheißt, aber keineswegs deren gegenwärtige Haltung gegenüber den USA und in der Friedensfrage. Oder wer die neoliberale Wirtschaftspolitik der Christdemokraten allenfalls bei der FDP gut aufgehoben sieht, aber nun einmal gar nicht in „christlichen" Grundwerten begründet findet. Das sind strukturelle Dilemmata, die auf ein sehr grundsätzliches Demokratiedefizit hinweisen!

Es kann an dieser Stelle nicht um das tiefsitzende sachliche Paradox erörtert werden, dass die SPD eine neoliberale Politik gegen die gewerkschaftlichen Besitzstände betreiben muss, wenn sie systemimmanent bleiben will - solange sie also, ebenso wenig wie die Gewerkschaften selbst, im Gegensatz zu ihrer eigenen Vergangenheit nicht den Mut hat, fundamentale Alternativen zum Zins- oder Rendite-Kapitalismus zu entwickeln. Hier liegt der fast allseits tabuisierte, eigentliche Wahrheitsstau in der Wirtschaft, den bisher auch die „Soziale Wahlalternative" zu thematisieren vermeidet. Gerade dafür müssten fundamentale Sachdiskussionen geführt werden - im Unterschied zu den oberflächlichen Machterhaltsdiskussionen.

Dies sind Beispiele aus Hunderten von Dilemmata nach dem Muster: In Bezug auf A ist die Partei X besser, bezüglich B aber die Partei Y. Die **eigentliche Frage** lautet: Warum ist es nicht möglich, präzise für A zu votieren, statt für Parteien, die alle Probleme von A bis Z zu einem unsachgemäßen Konglomerat zusammenbinden?

Die Einheitsregierung muss sich, im derzeitigen System, auf feste Mehrheiten stützen können. Also bedarf es im Einheitsparlament der Parteifraktionen nach Art von Kriegslagern, bei denen es möglichst keine Überläufer geben sollte. Obwohl der "Krieg" jeweils um ganz verschiedene Streitfragen geführt wird. Das alles ist nichts anderes als programmierte Unsachlichkeit! Eine schwere, kaum als solche erkannte Kinderkrankheit der Demokratie.

Für die Allround-Parteiblöcke oder auch Blockparteien als ganze entsteht der strukturelle Zwang zur Rechthaberei in Allem und Jedem. Das soll "deliberative Demokratie" sein: eine Kultur des Miteinander-Beratens und Suchen nach jeweils sachgemäßen Lösungen? Man verwechselt die behelfsmäßige Kunst des Kompromisse-Schließens mit dem möglichst unbefangenen, beratenden Suchen nach optimalen Sachlösungen!

Es wäre berechtigt, Wertungs-Parteien in einzelnen Sachfragen zu bilden, z.B. Konfessionsschule oder nicht, Englisch als europäische und Welt-Verkehrssprache auf Kosten aller anderen Kultursprachen oder eine einfache, neutrale Weltverkehrssprache? Dergleichen sind nicht allein argumentative Entscheidungen, sondern Wertungen. Auch Wertungen und deren Abgleichung aber müssen sachspezifisch sein. Sachspezifisch ist es dagegen nicht gerade, wenn ich den Kurs deutscher Gesamtpolitik davon abhängig machen muss, ob Herr Stoiber oder Herr Schröder mir sympathischer ist, obwohl ich Herrn Stoiber in A zustimme, Herrn Schröder aber in B. Letztlich lassen wir die Haarfarbe, die männliche Ausstrahlung, die Dialektfärbung oder immer noch die traditionelle Parteienbindung über Wohl und Wehe der deutschen Politik entscheiden. Das ist die gegenwärtige Demokratie, in deren Mutterländern nicht gerade besser! Wie soll man darüber nachdenken und nicht zum Zyniker werden?

Den Blockparteien entsprechen Kandidaten und Abgeordnete, die im Prinzip das ganze Spektrum eines jeweiligen Programmbündels bedienen müssen. Selbst wenn sie sich auf bestimmte Sachfragen spezialisieren, müssen sie Allround-Politiker spielen. Es entsteht beim Einzelnen der verlogene Zwang zum Möchtegern-Allround-Talent. Auch wenn ich persönlich wenig Ahnung von Nato-Politik, Wirtschaftspolitik, Kulturpolitik, medizinischer Ethik habe, die Partei hat diese und diese Positionen, und die müssen stimmen, weil sie halt von meiner Partei sind. Mit solcher Nibelungentreue von Pseudo-Allround-Talenten kann unmöglich sachgemäße Politik gemacht werden.

Der Lösungsansatz: ein gestuftes Kompetenzensystem von vier Parlamenten

Die latent vorhandenen vier Ebenen oder Hauptglieder des sozialen Organismus müssen durch reale Institutionen differenziert werden, nicht nur in Gedanken. Dazu reicht nicht die für damals umstürzende, für heute dürftige, "trikolorische" (dreifarbige) Gewaltenteilung aus den Zeiten der Französischen Revolution.

Die kommunikative = beratende = gesetzgebende Gewalt ist zunächst einmal die entscheidende. Die erste institutionelle Konsequenz lautet daher im Klartext: Wir brauchen jeweils fachkompetente, unabhängig voneinander gewählte Parlamente für jede Systemebene. Die Legislative muss sich selbst gliedern nach dem Reflexionsstufenprinzip in:

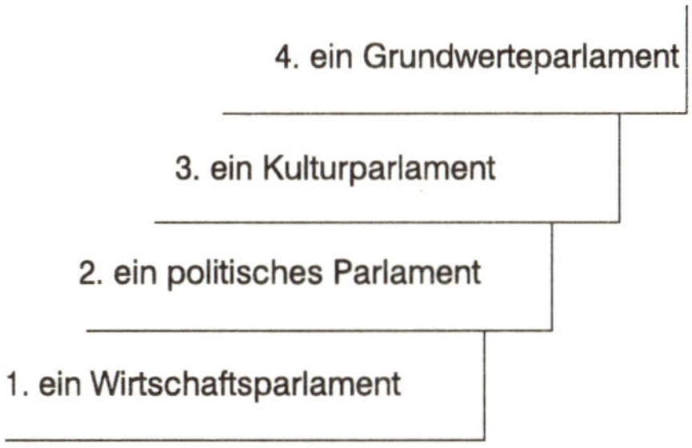

Figur 5: Gliederung der Legislative nach dem Reflexionsstufenprinzip

Der **hierarchische Aspekt**, wie er in dieser Art der Notierung zum Ausdruck kommt, ergibt sich unmittelbar aus der Reflexionsstufung, die ja eine logische Hierarchie darstellt. (Zu behaupten, hierarchisches Denken sei grundsätzlich überholt, beruht auf Verwechslung.) Die obige Reihenfolge der Parlamente ist hierarchisch im Sinne von sachlogisch gestuft - ebenso wie die Reihenfolge der allgemeinen Systemebenen (Kapitel IV).

Allerdings ist die **zirkuläre Rückkoppelung** ebenso wichtig wie die Stufung. Bevor wir die hierarchische Stufung mit der zirkulären Rückkoppelung verbinden, sollen zunächst die Aufgaben der einzelnen Parlamente für sich charakterisiert werden. Die angegebene Stufung ist dabei immer mit zu beachten. Wir beginnen von oben, nachdem früher schon deutlich wurde: Ein Grundproblem der jetzigen kapitalistischen Demokratien besteht darin, dass das soziale Ganze derzeit fast gänzlich von unten, von der Wirtschaft her, determiniert ist. Wie lässt sich das umkehren , ohne in eine Theokratie zurückzumarschieren? Oder in eine neue "humanistisch" gesteuerte Planwirtschaft (für die Marx übrigens nicht verantwortlich zu machen ist)? Wir haben es uns mit solchen grobschlächtigen Alternativen jahrzehntelang zu einfach gemacht und uns das differenzierende Denken im Sozialen erspart.

Der nähren Erläuterung sei folgende Übersicht, eine Weiterentwicklung des obigen, zunächst 2-dimensionalen Oikos (Hauses) vorangestellt:

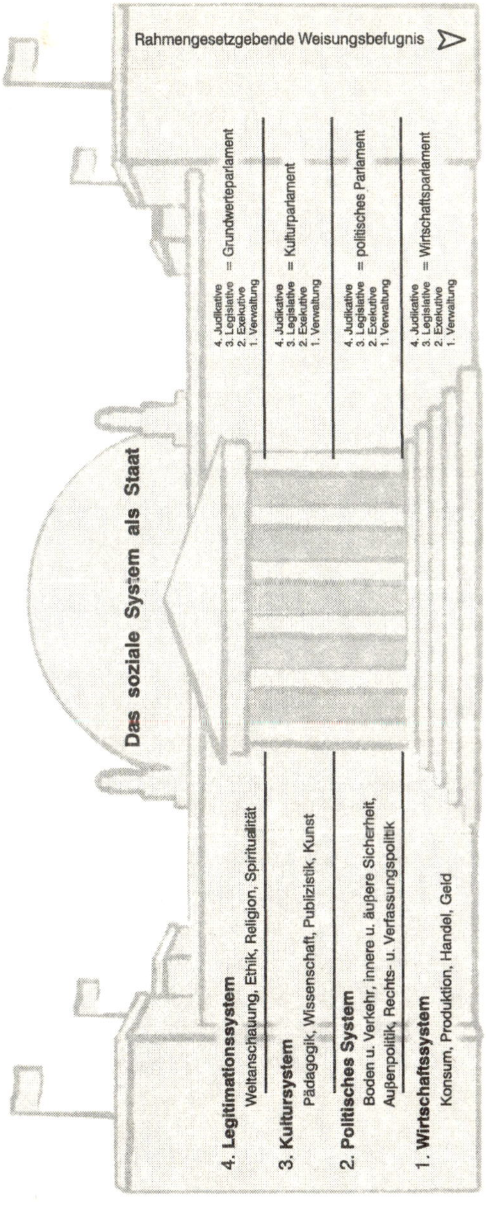

Figur 6: Das Viergliederungs-Haus (Oikos) mit weiterentwickelter Gewaltenteilung

Das Grundwerteparlament: eine Verfahrensethik der demokratischen Wertekommunikation

Das Grundwerteparlament stellt die wichtigste Instanz für eine Erneuerung der Demokratie von Grund auf dar. Es hat sich mit der konkreten Ausdeutung und Anwendung der im Grundgesetz angesprochenen Grundwerte zu befassen, wie sie bisher in den Artikeln 1 bis 19 des Grundgesetzes der Bundesrepublik Deutschland niedergelegt sind, und zwar gesetzgebend, dynamisch Rahmen setzend für alle anderen Ebenen.

Der Ausdruck Wertekommunikation ist ungewohnt, ja neu. Aber er kennzeichnet den hier vertretenen Ansatz, von dem die Notwendigkeit eines Grundwerteparlamentes am zwingendsten deutlich wird.

Der Bedarf an Ethik ist in unseren Gemeinwesen weniger als je zu verleugnen. Gemeint sind nicht nur die Gerechtigkeitsfragen der eigentlichen Sozialethik, also der Ethik der Institutionen. Da gibt es allerdings größte, ungelöste Altlasten. Zwar wird z.B. vom Leistungsprinzip in unserer angeblichen Leistungsgesellschaft noch immer viel geredet. Aber angesichts der Massenarbeitslosigkeit wird deutlich, dass Millionen Leistungswillige und -fähige von ihren Leistungen ausgeschlossen sind. Dies spottet dem Leistungsgesichtspunkt als einem wesentlichen Gerechtigkeitsprinzip Hohn.

Das ist unmittelbare Folge des **Rendite- oder Zins-Kapitalismus:** Geld fließt als leistungsfreies Einkommen, als sich selbst vermehrendes Kapital dahin, wo nicht mehr gearbeitet zu werden braucht und fehlt dort, wo Arbeit in Hülle und Fülle wäre - aber nicht bezahlt werden kann. Die Maschinen und das hinter dem teueren, Menschenarbeit ersetzenden Sachkapitel stehende Geldkapital fordern renditeträchtige "Vollbeschäftigung" - des Kapitals, wohlgemerkt, nicht des Menschen! Menschliche Dienstleistungen dagegen, die nicht auf Kapitaleinsatz basieren, beispielsweise Reparaturen und Wartungen gekaufter Geräte, werden in unserer "Dienstleistungsgesellschaft" immer teurer, sofern sie überhaupt noch zu bekommen sind. Nicht etwa wegen der ungeheuren Wertschätzung der menschlichen Arbeit, wie man meinen könnte, sondern wegen einer einzigen Wertschätzung: der Kapitalrendite! Es genügt hier, an dergleichen Grundlagen unserer "freien" Wirtschaft als beispielhafte Strukturaufgaben des Grundwerteparlamentes zu erinnern, die sofort von Ebene 4 auf Ebene 1 durchgreifen müssten.

Ebenso angesprochen sind mit Ethik und Grundwerten aber auch all die Menschenbild-Grundlagen, also die kollektiven Wertentscheidungen für die Erlaubtheit individueller Handlungen, die der Gesetzgebung zugrunde liegen: Heute besonders die Stellungnahmen zu Leben und Sterben des Menschen, wie sie uns durch die neuen Möglichkeiten der Gentechnologie wie auch der künstlichen Lebensverlängerung abgenötigt werden.

Gemeint sind ferner die ökologischen Fragen: Wie tragen wir der Würde und Schönheit der Natur auch in einer industriellen und postindustriellen Konsumgesellschaft wieder Rechnung? Wie sorgen wir für gesunde Ernährung, also unvergiftete Nahrung - gegen die ökonomischen Kapitalverwertungszwänge? Es ist offensichtlich, dass ein großer, grundlegender Teil der Wirtschaftsfragen und ein noch größerer Teil der ökologischen Fragen ethischer Art sind - auch wenn sie großenteils von Ökonomen entschieden werden, die von ganzheitlichen sozialen Gesichtspunkten keine Ahnung haben oder haben wollen.

Auf der anderen Seite ist sehr zu bezweifeln, dass die derzeitige Art von Ethik-Betriebsamkeit fruchtbar ist und weiter führt - ganz besonders, wenn diese Bemühungen sich im Rahmen einer angeblich rationalen Diskursethik abspielen. Diese ganze auf den individuellen Akteur bezogene Kasuistik („wie muss ich handeln, im Falle dass…") führt nicht nur meist zu keinem theoretischen Konsens, sondern ist vom Prinzip her lebensfremd. Das gilt für den persönlichen wie noch mehr für den kollektiven Bereich. Zwar braucht es für Entscheidungen einige Einsicht in die Faktenlage. Doch das Wesentliche an Entscheidungen, besonders an ethischen, also hohe Werte betreffenden wie Personwürde, Leben von Kindern und Alten, Rettung für sonst unheilbar Kranke usw., ist: Sie gehen prinzipiell über die rationale Faktenkenntnis hinaus, soweit diese Erkenntnis überhaupt im Normalfall vollständig ist. Also ob etwa einem Nierenkranken das Leben durch eine Transplantation einer gesunden Niere wesentlich verlängert werden kann.

Was ethische Kasuisten und insbesondere so genannte Diskursethiker mit ihrem prinzipiell überzogenen pseudo-rationalen Anspruch regelmäßig übersehen, ist dies: Menschliche Wertentscheidungen leben von einem persönlichen Freiheits-überschuss oder Freiheitskalkül. Gerade das macht die Entscheidungen zu Akten der persönlichen Freiheitsprofilierung, worauf es ja im Leben ankommen dürfte. Eben das gibt ihnen einen höchsten Wert, dieses: So habe ich es gewollt und bewertet. Das menschliche **Vermögen der Wertung** geht weit über das der rationalen Erkenntnis und über Erkenntnis überhaupt hinaus.

Das zentral menschliche Freiheitsgeschehen der ethischen Fallbewertung, durch ”wissenschaftliche” oder sonstwie professionelle Ethiker, auszuliefern, ist eine Barbarei im Namen von Wissenschaft, die hinter der klerikalen Bevormundung kaum zurücksteht. Was man sinnvoll tun sollte, ist, sich hinreichend über die Fakten zu informieren, um eine persönliche Entscheidung zu treffen. So genannte Ethiker, die über diese Tatsachenerkenntnis hinausgehen und dem Einzelnen Entscheidungsvorschriften machen, vergehen sich an der menschlichen Freiheit. Das Meiste an heutiger Ethik-Theorie ist bei näherer Betrachtung ein schmutziges Geschäft, solange sie sich nicht bescheiden einstuft als das, was sie sein kann: strukturierende (Selbst)Verständigungshilfe für die Wertentscheidungen des Einzelnen sowie für die Wertekommunikation zwischen den sich beratenden Menschen. Am schmutzigsten ist die Behauptung der Diskurs-Ideologen, die Wertentscheidungen seien rational-argumentativ ableitbar, ein Anspruch, der freilich gleich wieder im Nebel der betrügerischen Doppeldeutigkeit von “Diskurs” versinkt: Ist eigentlich Argumentation oder Rede überhaupt (wie im französischen *discours* und im englisch *discourse*) gemeint?

Das Grundwerteparlament nun ist der Ort der **Umsetzung kollektiver, konvergierender Wertentscheidungen in geltendes Recht.** Zwar ist das Ziel Gesetzesschöpfung, nicht Feststellung der gemeinsamen Werte als solcher. Doch hinter und damit zeitlich vor der Gesetzgebung stehen die Werte. Es spricht nichts dagegen, dass die Gemeinsamkeit der Wertung formuliert wird, soweit dies möglich ist. Oft werden sich die Beratenden aber auf einen pragmatischen Kompromiss mit ganz unterschiedlichen Werthintergründen beschränken müssen, z.B. eine Fristenlösung für die erlaubte Abtreibung - auch wenn bestimmte Religionsvertreter von ihren Voraussetzungen her (etwa: personales Leben von der Zeugung an) das auf eine Stufe mit Mord stellen wollen, wie sie vor wenigen Jahrzehnten noch sexuellen Verkehr ohne Zeugungsabsicht als Sünde diffamierten und heute gleichgeschlechtliche Sexualität leider nicht mehr strafrechtlich verfolgen können. Die Menschen nehmen dergleichen hin, geduldig wie Schafe, die scheinbar keine anderen Hirten haben. Doch in einer pluralistischen Wertedebatte mit praktischer Absicht würde solche Schafsgeduld aufhören. Die Karten gewisser Hintergrundwertungen müssten auf den Tisch des Grundwerteparlamentes.

Im Grundwerteparlament spielt sich Wertekommunikation als Grundlage von gesetzgebender Entscheidung auf höchstem Niveau ab. Die demokratischen Grundwerte von Menschenwürde und Freiheit werden nicht zum Gegenstand theoretischer Dogmatik, sondern werden einem dynamischen Verfahren anheim gestellt, dem der Beratung und Mehrheitsabstimmung. Wahrheitsfindung wäre niemals Sache des demokratischen Verfahrens, wohl aber die Entscheidung über Wertoptionen: Soll Abtreibung unter bestimmten Bedingungen erlaubt sein? Wie halten wir es mit der Euthanasie? Und wie mit den Fragen um die Entstehung des Lebens (Klonen, künstliche Befruchtung, Präimplantationsdiagnostik)? Dergleichen ist Sache parlamentarischer Entscheidungen nach Mehrheit (wenn Einstimmigkeit nicht gelingt) - nicht des argumentativen Diskurses, der keine Mehrheitsentscheidungen zulassen dürfte.

Die Verfahren der Beratung und Entscheidung haben in dialogischer Sicht allerhöchste ethische Bedeutung, viel höhere als die ethischen Meinungen, die von professionellen Ethikern als streng einsichtige Dogmen ausgegeben werden. Es handelt sich um eine **kommunikative Verfahrensethik**, die durch keinerlei theoretische Professorenethik vorweggenommen, ersetzt oder überboten werden kann. Die kollektive Wertung kann durch Tatsachenkenntnis und diskursive Elemente nur vorbereitet und dann durch fachgerechte juristische Formulierungen abgesichert werden.

Die Entscheidungen des Grundwerteparlaments sind keine ewigen und unfehlbaren Wahrheiten, sondern situationsbedingte Optionen, die jederzeit neu angepasst werden können. Ein solches flexibles Verfahren fehlt unserer gegenwärtigen "Demokratie" für die Fülle der anstehenden Wertentscheidungen. Es fehlt damit eine effektive Durchsetzungsfähigkeit der viel beredeten Werte, die auf diese Weise weitgehend Feiertagswerte bleiben: Der oft beklagte **„Werteverfall"**, eine Klagerede mit der ideologischen Funktion der Ablenkung von dem, worum es eigentlich geht: um die **Schließung der Theorie-Praxis-Kluft** im Leben der Gemeinwesen.

Das kann ein Nationaler Ethikrat von Kanzlers Gnaden, wie er seit einigen Jahren besteht, nicht leisten. Darin finden sich neben Professoren der Diskursethik vor allem die traditionellen Konfessionen als die von höchster Stelle beauftragten Hauptlieferanten für Ethik, deren historisches Versagen vor den Themen Liebe, Sexualität sowie vor den grundlegenden sozialen Gerechtigkeitsfragen niemals eingestanden wurde.

Die Hauptfunktionen eines **gewählten** Grundwerteparlaments sind also:

- Die Grundwerte möglichst allgemein akzeptabel und situationsgerecht zu artikulieren.
- Die Grundwerte im Blick auf anstehende neue Gesetzesentscheidungen dynamisch zu konkretisieren.
- Die Transparenz des religiös-weltanschaulichen Kräftespiels herzustellen, damit ein faires Miteinander **aller** Weltanschauungs-Gruppen (soweit sie auf dem Boden der Verfassung stehen).

Konfessionen und Gruppen, die diese Transparenz scheuen, haben wohl Grund dazu. Sie betreiben einen mehr oder weniger sanften Fundamentalismus. Wir können dem terroristischen Fundamentalismus geistig aber nur durch eigene Konsequenz wirksam entgegentreten.

Die Wahl der "Experten"

Das Grundwerteparlament ist zu verstehen als eine **Versammlung von direkt gewählten Vertretern der Bevölkerung**, die trotz unterschiedlicher theoretischer Auffassungen einen pragmatischen Konsens über rechtsbegründende Wertentscheidungen herbeiführt, die sich in Gesetzen niederschlagen.

Wer verstanden hat, was oben unter Wertekommunikation dargelegt wurde, dass nämlich in der Wertung ein über die Tatsachenerkenntnis hinausgehender Freiheitsakt liegt, wird auch verstehen, dass die öffentliche Bewertung gerade in anderen Händen liegen muss als in denen der Fach-Experten. Wir brauchen Bewertungs-Experten, die bei Kenntnis der Tatsachen und sachlichen Möglichkeiten in gemeinsamer Beratung, genauer Wertekommunikation, zu einem Urteil über die Anwendung dieser und jener Technik gelangen. Diese Reflexions-Weisheit ist mit der in dieser Hinsicht unreflektierten, sachlichen Leidenschaft des Spitzenwissenschaftlers, erst recht mit der Engstirnigkeit eines "Fachidioten", unvereinbar.

Was folgt daraus für das Profil der Kandidaten zum Grundwerteparlament? Sie brauchen nicht notwendig medizinische, theologisch-philosophische und sonst wie fachliche Experten zu sein. Sie brauchen auch keine Fach-Ethiker zu sein, deren Kompetenz für die gelebte Moral umso zweifelhafter ist, als sie meinen, aus ihrer Kompetenz, ethische Fragen zu sortieren, ergäbe sich eine Kompetenz für ethische Entscheidungen. Eine solche Kompetenz hat einzig der sachlich Informierte, aber vor allem zur Wertekommunikation fähige Mensch, und zwar als Teil eines beratenden, über Werte kommunizierenden Gremiums.

Das Grundwerteparlament braucht also kein Ältestenrat der Republik zu werden, sowenig wie ein Oberhaus von Nobelpreisträgern. Doch es würde schon so etwas herauskommen wie ein Rat der Weisen, die sich nichts darauf einbilden, es zu sein. Kennt nicht jeder den einen oder anderen solchen Menschen? Würde die Republik nicht schnell ein Gremium von vielleicht hundert Repräsentanten aus vielleicht dreihundert Kandidaten auswählen können, natürlich mit Hilfe der Medien, denen damit eine seriösere Aufgabe zuwüchse? Man sollte dazu nicht allein in die Richtung der bisherigen Berufspolitiker blicken. Unsere künftigen Demokratien brauchen effektive, nicht allein Rat gebende, sondern gesetzgebende ethische Führung - ohne allerdings dem integrierenden Grundwerteparlament alles anzulasten! Wir sind noch nicht am Ende mit den Parlamenten.

Unterschied zum Verfassungsgericht

Wir haben uns an den Gedanken gewöhnt, dass für die Auslegung der Grundwerte und Grundrechte das Bundesverfassungsgericht zuständig sei. Das ist insofern eine falsche Gedankengewohnheit, als das oberste Gericht nur für die Normen- und Verfahrenskontrolle zuständig ist, also für die Kontrolle darüber, ob die anderen Organe die Gesetze und das Grundgesetz (unsere vorläufige Verfassung) in einem zulässigen Spielraum auslegen und ob die Verfahren korrekt sind.

Die situative Anwendung, Konkretisierung und Weiterentwicklung der Verfassung muss, wie es über die bloße Kontrolle der Normbefolgung sowie der Normgebung hinausgeht, durch die Legislative selbst geschehen. Allein der Souverän, das Volk, das allein in der Legislative direkt repräsentiert ist, hat die Befugnis zu neuer situativer Anwendung und Auslegung von Grundwerten, soll dieser Souverän überhaupt Befugnisse haben. Das Verfassungsgericht hat nur eine Kontrollbefugnis und ist wie jedes Gericht nur ein Behelf in Streitfragen.

Künftig sollte ein Verfassungsgericht die normale situative Verfassungsauslegung der Legislative, besonders dem Grundwerteparlament, überlassen und nur einschreiten, wenn der Spielraum der Verfassung überschritten ist. Es sollte sich jedoch befassen mit **möglichen Kompetenzstreitigkeiten** zwischen den Parlamenten bzw. zwischen diesen und den anderen „Gewalten“. Solche Kompetenzunklarheiten sind bei einem stärker differenzierten System nicht auszuschließen. Diese potentielle Aufgabe darf aber nicht übertrieben dargestellt und zum allzu billigen Argument gegen den notwendigen Differenzierungsprozess missbraucht werden. Kompetenzengerangel besteht auch jetzt. Nur wird es meist nicht rechtlich, sondern machtmäßig und durch wechselweise Gefälligkeiten ausgetragen.

Das Kulturparlament

Für das Parlament auf Ebene 3 können wir uns kürzer fassen. Eigentlich ist das Wesentliche schon damit gesagt, dass für die großen Untergliederungen Pädagogik, Wissenschaft, Publizistik und Kunst geeignete Vertreter - nicht unbedingt die Verbandslobbyisten! - vom Volk gewählt werden, die diese Bereiche der Kultur gesetzgebend organisieren, völlig unabhängig von der im engeren Sinn politischen Ebene 2. Diese Unabhängigkeit ist ein Gedanke, in den wir uns erst einmal hineindenken müssen.

Was das Verhältnis zur Grundwerte-Gesetzgebung angeht, sei an einigen Beispielen verdeutlicht: Wenn von den Grundwerten her das Gesetz gilt, dass in den öffentlichen Medien keine unnötigen Gewaltdarstellungen erlaubt sind, dann ist das eine Bestimmung, die wahrscheinlich vom Kultur-Parlament noch zu konkretisieren ist. Aber die Vorgabe von Seiten der Grundwerte ist da: Durch ein solches Verbot von Gewaltdarstellungen würde unsere Film- und Fernsehlandschaft enorm verändert. Dass damit die Freiheit der Kunst in einzelnen Bildwerken nicht beschnitten werden darf, steht auf einem anderen Blatt, und eben dazu bedürfte es der kulturparlamentarischen Präzisierung, ähnlich wie etwa für die Konkretisierung des schon bestehenden Verbots, religiöse Anschauungen zu diffamieren, das so genannte Blasphemie-Verbot. (Ob ein Gewaltdarstellungsverbot je beschlossen würde, ist eine andere Frage. Es ging hier lediglich um ein Beispiel für ethische Rahmenvorgaben für Kulturelles.)

Wegen der Kulturhoheit der Länder wäre in Deutschland ein Teil der Kulturgesetzgebung den Bundesländern zu überlassen, eine im Ansatz heute schon vorhandene Differenzierung, aber es muss zweifellos eine bundesübergreifende Gesetzgebung geben, wie die obigen Beispiele schon zeigen. Ein anderes Beispiel dürfte die Gestaltung der Schulpflicht sein.

Wir berühren mit diesem Beispiel und mit der Kultursphäre eine Grundsatzfrage, der das Kapitel VII gewidmet ist: die Verteilung der Aufgaben auf Staat, private Träger und auf öffentliche Einrichtungen. Deshalb soll die Betrachtung an dieser Stelle auf das eingeschränkt werden, was zweifellos Sache des Staates ist, genauer des Gesamtstaats oder besser der Nation als Kulturstaat.

Nation ist der kulturelle Aspekt für den Gesamtorganismus, der sich rechtlich als **Staat** organisiert, wobei Staat und Nation nicht immer territorial deckungsgleich sein müssen, wie das Beispiel der beiden ehemaligen deutschen Staaten auf dem Gebiet der heutigen Bundesrepublik am deutlichsten zeigt.

Eine eminente Aufgabe der nationalen Kulturgesetzgebung wäre die Sprachentwicklung, und zwar nicht bloß im Sinne eines defensiven Purismus wie Abwehr gegen das “Neudeutsche” oder “Denglisch”. (Denn Sprache ist das kostbarste Kulturgut einer Sprachgemeinschaft, mit keiner noch so wertvollen Museumslandschaft vergleichbar.) Die Rechtschreibreform beispielsweise, die diesen Namen kaum verdient, ist ein typisches Produkt nicht vorhandener kulturstaatlicher Organe der nationalen Sprachentwicklung. Die Philologen, die hinter dieser Reform stecken, mögen “Fachleute” gewesen sein. Eine freie, politikentlastete Wertekommunikation, um dieses entscheidende Stichwort nun in kulturellen Angelegenheiten wieder aufzunehmen, hat hier sicher nicht stattgefunden, jedenfalls nicht bei den letztlich entscheidenden “einheitspolitischen” Instanzen. Von einer Liebe zur Sprache und deren lebendiger Weiterentwicklung ist da nichts zu spüren.

Einem eigens dazu gewähltes Kulturparlament wäre dergleichen jedoch zuzumuten.

Es wäre überhaupt Aufgabe dieses Parlamentes, über nationale Kulturschätze, deren Bewahrung und Fortentwicklung mit Anteilnahme, aber ohne nationalistischen Zungenschlag zu sprechen.

Hierzu gehört auch die Frage der Zuwanderung, die sicher ihre ökonomischen Aspekte hat, die aber primär eine kulturelle ist. Weil sie früher so gut wie nie und heute nur am Rande ("Integration" durch Deutschkenntnisse) als eine zentral kulturelle behandelt wurde, konnte es darüber so viele falsche Emotionen geben. Für eine *Gastfreundschaft der Kulturen* muss es die wechselseitige Unterscheidung der jeweils gastgebenden Kultur eines gegebenen Territoriums von den Gastkulturen geben. Die einzelnen Zuwanderer müssen sich entscheiden, ob sie auch als Einzelne nur Gäste mit Rückkehroption bleiben wollen oder Deutsche werden wollen. Das Letztere bedeutet nicht, dass sie ihre Herkunftskultur nicht in landsmannschaftlichen Gruppen weiterpflegen, wie es manche Deutsche und andere Europäer heute noch in den Vereinigten Staaten tun. A propos: Die Vereinigten Staaten sind mitnichten eine "multikulturelle Gesellschaft". Europa wird jedoch, wenn die Allround-Politiker nicht zuviel Unheil gegen den Willen der betroffenen Völker anrichten, ein Zusammenschluss vieler nationaler Kulturen bleiben. Darauf beruht sein einzigartiger Reichtum.

Hätten wir so etwas wie ein Kulturparlament gehabt, wären darin solche Dinge klarer ausgesprochen worden. Im Hohen Haus der Allround-Politiker war aber schwerlich eine Rede zu hören, in denen diese wenigen hier in Kürze getroffenen, national lebenswichtigen Unterscheidungen im Zusammenhang zur Sprache gekommen wären.

Das Politikparlament

Scheinbar hatten wir das, was hier gemeint ist, schon immer, seit wir Parlamente haben. Das wäre ein Trugschluss und ein Mangel an Phantasie. Stellen wir uns einmal vor, dass statt der bisherigen Einheits- und Weltanschauungsparteien künftig Parteien neuen

Typs auftreten, die sich ausschließlich mit den Themen der Politik in einem engeren Sinne befassen. Deren **inhaltliche** Untergliederung wurde bisher noch nicht angegeben, weil im obigen Oikos die formale Aufteilung der Gewalten oder Staatsfunktionen für "Politik" stand (die zwei Exekutiven, Legislative und Judikative). Hier seien lediglich in Kürze die Themen des politischen Parlamentes angekündigt:

2.1. territoriale Gliederung, Bodenpolitik, Verkehrspolitik,
2.2. innere und äußere Sicherheit,
2.3. Außenpolitik und europäische Abstimmung darin,
2.4. Rechts- und Verfassungsentwicklung, sofern das Recht nicht von den anderen Parlamenten gesetzt wird, also Zivil- und Strafrecht.

Das sind noch immer riesengroße Themen, vor allem, wenn man bedenkt, dass die ganzen Fragen des Bodeneigentums (zu unterscheiden von der privaten Nutzung des Bodens), der Spekulation mit Boden sowie seiner öffentlichen Verwendung hochpolitische Fragen sind, die jetzt gern der „freien" Wirtschaft überlassen werden. Doch durch die Entlastung vom "Ideologischen" (Kultur und Grundwerte) wie von der Wirtschaftspolitik, ferner durch die Versachlichung der Parteiengrenzen, werden diese Themen zu bewältigen sein, die derzeit - wie die Wirtschaftsthemen - ständig in Reformstaus stecken bleiben.

Wir sind es nicht anders gewohnt, als dass viele Themen auf die lange Bank geschoben werden. Das ist gegen jede politische Hygiene. Es lässt das Interesse der Bürger an ihrem Gemeinwesen im bewussten oder unbewussten Frust ersticken. Das Aufschieben ist der Tod der demokratischen Partizipation. Es kann abgestellt, die demokratische Hygiene kann durch die Differenzierung der Parlamente hergestellt werden!

Das Wirtschaftsparlament

Ein eigenständiges Wirtschaftsparlament ist in seiner Dringlichkeit mit dem Grundwertparlament vergleichbar. Es „überschneidet" sich mit diesem in ökologischen und vielen anderen Grundsatzfragen, d.h. viele Grundwerte-Entscheidungen haben unmittelbar rahmensetzende Bedeutung für die Wirtschaft: Welche Art von Wirtschaft ermöglicht das berühmte, derzeit nur auf dem Papier (der Charta der Vereinten Nationen von 1948, die Teil unseres Grundgesetzes ist) geltende „Recht auf Arbeit", trägt also der Tatsache Rechnung, dass allein menschliche Arbeit neue Werte über die Güter der Natur hinaus schafft? Weder Maschinen noch das Geld arbeiten! Auf dieser menschenfeindlichen Fiktion basiert jedoch das Rendite-Prinzip des Kapitalismus. **Rendite ist Kapitallohn**, im Unterschied zum Gewinn als berechtigtem Unternehmerlohn!

Der Leser möge einmal diese Vorstellung in seiner Phantasie erblühen lassen: Dass es von der Bevölkerung direkt gewählte Beauftragte für die ganze Wirtschaftssphäre gibt, Vertrauensleute, die nichts anderes zu tun haben, als ihre wirtschaftlichen Kenntnisse in eine parlamentarische Sachdiskussion einzugeben, um die beste Grundarchitektur sowie die besten aktuellen Maßnahmen zu beschließen. Diese Sachdiskussion ist gleichzeitig immer Kommunikation über Wertungen und Wertentscheidungen.

Die einzigen Grenzen dieser großen parlamentarischen Vollmacht einer Wirtschaftsgesetzgebung und aktuellen Steuerung wären - außer den entscheidenden Vorgaben aus dem Grundwertebereich - einige Vorgaben aus dem politischen Bereich, z.B. die Frage des Bodeneigentums und der Verkehrsplanung. Hierin käme effektiv zum Ausdruck, **dass Wirtschaft ein dienender Teil des gesellschaftlichen Lebens zu sein hat**, nicht mehr deren alles beherrschender Faktor.

Im Übrigen hätte dieses Wirtschaftsparlament eine Freiheit der sachspezifischen Gestaltung mit allem verfügbaren Expertenwissen, wie es sie noch nie auf der Welt gegeben hat. Immer wurden in ungeordneter Weise die Kompetenzen vermischt, Weltanschauungs-Ideologie mit Wirtschaft, politische Ambitionen und Rivalitäten mit Wirtschaft usw. Ein John Maynard Keynes (1883-1946) zog sich aus der Gestaltung der von Rache geprägten Nachkriegsordnung 1919 bezeichnenderweise und mit guten Gründen zurück.

Was nützen Experten wie die bundesrepublikanischen „Wirtschaftsweisen", wenn sie - abgesehen von fehlender demokratischer Legitimation! - doch nicht die wirtschaftspolitisch Gestaltenden sein können, wenn die Politiker, als Allround-Politiker, Rücksicht auf alles Mögliche nehmen müssen, wenn eine sachliche Wirtschaftspolitik strukturell gar nicht möglich ist?

Allerdings, die „Experten", wie sie hier gemeint sind, dürfen nicht ausschließlich Wirtschaftsprofessoren sein. Das Wirtschaftsparlament ist kein akademisches Seminar, sondern ein Parlament, das Gesetze erlassen und Regierungsmaßnahmen genehmigen bzw. ablehnen muss. Zu sachlichem Diskurs und Kommunikation über wirtschaftliche Werturteile müssen die wirtschaftspolitischen Vertrauensleute vom Wahlvolk für fähig befunden werden, nicht zu endlosen und unverständlichen Monologen über „Was wäre, wenn…" Es gilt zu gestalten.

Die Wirtschaftspolitiker müssen etwas von Unternehmern haben. Sie können auch zum Teil solche sein. Der Wirtschaftsstaat, das heißt die gesetzgeberische, staatliche Seite der Wirtschaft, ist wie ein großes Unternehmen, aber nur (oder fast nur) als der Rahmen setzende Widerpart der vielen kleineren und größeren wirklichen Unternehmen des Marktes. **Staat, genauer Wirtschaftsstaat, und Markt sind komplementäre Größen.** Sie gegeneinander auszuspielen, ist tendenziöser Unsinn: Die staatlichen Rahmensetzer setzen den Rahmen für den Markt und für nichts anderes, und umgekehrt ist ein Markt nicht ohne politische Macht denkbar.

Die zahlreichen Wirtschafts- und Geldreformer im Lande mit ihrem speziellen, theoretischen und praktischen Leidensdruck sollten sich klar machen, dass ihre Ideen auf Dauer nur in einem solchen wirtschaftsparlamentarischen Gesamtrahmen ihre Realisierungschancen haben. Eine auf politischen Optionen beruhende Bodenreform ohnehin nur im gesamtdemokratischen Rahmen. Da allerdings hätten die besten Ideen ihre volle Chance!

Zirkuläre Rückkoppelung

Durch Umkehrung der Bestimmungsrichtung, selbst wenn man sie einmal als etabliert voraussetzt, ist allerdings noch kein Kreislauf erreicht. Soziale Kreislauffähigkeit ist ein anderes, besseres Wort für „Nachhaltigkeit“ in einem bisher unbekannten, spezifisch sozial-ökologischen, nicht allein natur-ökologischen Verständnis.

Ethisch-weltanschauliche Integration oder Kreislauf- und Regenerationsfähigkeit bedeuten zunächst verbindliches Einbringen der ethisch-weltanschaulichen Normen in Kultur, Politik und Wirtschaft. Der Kreislauffähigkeit des Gesamtorganismus ist aber nicht durch einseitige Bestimmung von oben nach unten allein Rechnung getragen. Dann stünde ein nicht realisierbarer ethischer Idealismus dem jetzigen ökonomischen Materialismus gegenüber, mit ähnlichem Erfolg, wie er jetzt schon etwa beim „Menschenrecht auf Arbeit“ sichtbar ist. Was sich wirtschaftlich nicht machen lässt wie im derzeitigen Wirtschaftssystem die allseitige Verteilung der Arbeit, bleibt im Reich der Wunschvorstellungen, mögen diese noch sooft internationales „Menschenrecht“ sein. Die Frage ist: Welches Wirtschaftssystem ist imstande, ein gesetzlich ernst genommenes Menschenrecht auf Arbeit zu befriedigen? Entsprechendes gilt in den Dritte-Welt-Ländern für das Menschenrecht auf ausreichende Ernährung, Gesundheit, Wohnung und Bildung. Idealistische Überforderung führt zu materialistischer Abstumpfung.

Also muss auch das Umgekehrte geschehen: Berücksichtigung der wirtschaftlichen und politischen Sachzwänge in den höheren Ebenen des Organismus. Das heißt, dass die einseitige hierarchische Stufung durch ein zirkuläres Verhältnis zwischen den Systemebenen ergänzt, allerdings nicht ersetzt werden muss.

Gentechnologie für Pflanzen, vorgeburtliche Diagnostik und genetische Züchtung von Menschen bis hin zum Klonen - überall, wie schon in den Grundfragen der Wirtschaftsgestaltung, spielen alle Ebenen des Sozialen mit. Das spricht jedoch nochmals für und nicht gegen die Behandlung des jeweiligen Gesamtproblems durch personell unterschiedene Gremien mit unterschiedlichem Auftrag.

Das hier aufgeworfene Problem lautet: Lösung aller Probleme von oben nach unten allein wäre fast genauso unzureichend wie die bisherige oder derzeitige „naturwüchsige Lösung" von unten nach oben, also durch Wirtschaftsdominanz.

Das hierarchische Prinzip durch ein zirkuläres einfach zu ersetzen und von einer schlichten „Wechselseitigkeit" und „Durchdringung" in einem Kreislauf zu sprechen, wäre wieder zu wenig, weil die Hierarchie nach dem Reflexionsstufenprinzip den praktischen Maßstab für die jeweilige Entscheidungsbefugnis hergibt: Die Befugnis zur übergeordneten Rahmengesetzgebung von oben nach unten ist das Erste und darf nicht abgeschwächt werden. In folgender Figur ist diese schon zu Beginn des Kapitels skizzierte Hierarchie als ein System ineinander liegender Rahmen dargestellt, wobei der äußerste, umfassende Rahmen der übergeordnete ist und das Grundwerteparlament symbolisiert:

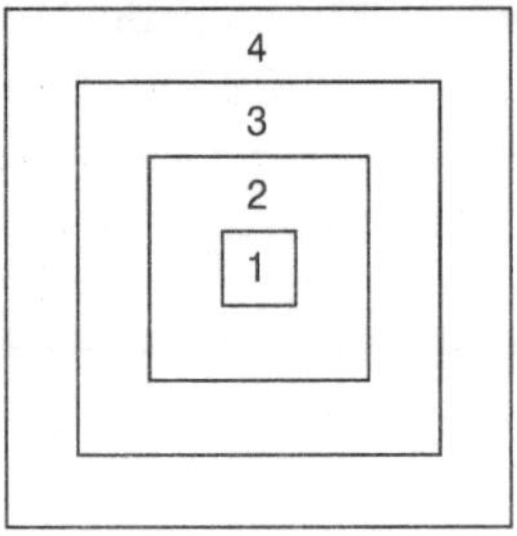

Figur 7: Schema der Rahmengesetzgebung

Die Antwort auf alle Einwände gegen eine hierarchische Stufung liegt darin, dass eine **zirkuläre Rückkoppelung** in das aufgezeigte gestufte Kompetenzensystem eingebaut werden muss, ohne die hierarchische Werte- und Kompetenzstufung wieder preiszugeben.

Die allgemeine systemische Lösung für diese Art von Problemen ist gar nicht so schwer, wie es zunächst aussieht, solange man nicht gewohnt ist, logisches und systemtheoretisches Denken auch auf soziale Verhältnisse und nicht bloß auf Maschinenbau und Computersoftware anzuwenden. Wir haben schon in unseren gegenwärtigen, anfänglich demokratischen Verhältnissen einen kleinen Rückkoppelungsmechanismus zwischen den beiden parlamentarischen Kammern Bundestag und Bundesrat. Zwischen erster, zweiter und dritter „Lesung" einer parlamentarischen Gesetzgebungsdebatte steht die Stellungnahme des Bundesrates sowie vor allem die Arbeit von parlamentarischen Untergliederungen (Kommissionen). Diese versuchen, die Forderungen der Interessenverbände und anderer gesellschaftlicher Gruppen in das Gesetz einzubringen.

Formal analog dazu wäre, jedoch mit ungleich gesteigerter Bedeutsamkeit und Transparenz, für jedes Parlament die Beratung und Abstimmung der jeweils anderen drei Parlamente verbindlich zu berücksichtigen, wobei zur Abkürzung des Verfahrens die Kommissionen aus allen Parlamenten möglicherweise gemischt zusammengesetzt sein können. (Die konkrete Ausformung der Grundgedanken lässt manche Variationen zu.) Was sich zunächst kompliziert anhört, reduziert sich auf folgende einfachen dualen Verhältnisse:

Das Grundwerteparlament (4) berücksichtigt: ....Parlament 1, 2, 3.
Das Kulturparlament (3) berücksichtigt: ....Parlament 1, 2, 4.
Das Politikparlament (2) berücksichtigt: ....Parlament 1, 3, 4.
Das Wirtschaftsparlament (1) berücksichtigt: ......Parlament 2, 3, 4.

Abgesehen von der wechselseitigen Berücksichtigung der Voten der jeweils anderen Parlamente in zweiter und dritter Lesung hat jedes Parlament für seinen Bereich ein endgültiges Beschlussrecht - allerdings mit dem Unterschied, dass zwar keine fallweise Weisungsgebundenheit, jedoch ein Rahmengesetzgebungsrecht von 4 nach 1 gilt.

- Rahmengesetzgebung beinhaltet den **hierarchischen Aspekt** und bedeutet: Gegen das Gesetz einer übergeordneten legislativen Instanz darf die untere mit ihrer Gesetzgebung nicht verstoßen.
- Berücksichtigung der Voten der anderen Parlamente - wie auch anderer gesellschaftlicher Gruppen - beinhaltet die

zirkuläre Rückkoppelung und bedeutet einfach, dass die Abgeordneten des betreffenden Parlamentes den Sichtweisen und Stellungnahmen der anderen Rechnung tragen, ohne dass daraus eine andere Weisungsgebundenheit als die ohnehin gegebene Rahmenbefugnis folgt.

Wenn jedoch eine eindeutige Mehrheit aller drei anderen Parlamente konvergierende Bedenken gegen eine Gesetzesvorlage vorbringen, wäre es unklug, diese Bedenken einfach beiseite zu schieben, selbst vom hierarchischen Gesichtspunkt her das Recht dazu bestünde. Die Stellungnahmen der Parlamente 1, 2, 3 wird zweifellos Einfluss auf die Abgeordneten in Parlament 4 haben und umgekehrt. Hier muss und kann nunmehr auf bestes Wissen und Gewissen der Abgeordneten gesetzt werden.

Wenn wir die hierarchische Reihenfolge mit der zirkulären kombinieren, ergibt sich folgendes Bild, bei dem allerdings die Beziehungen wechselseitiger Berücksichtigung der Voten in erster bis dritter, im Konfliktfall vielleicht sogar vierter Lesung, wegen der Übersichtlichkeit nicht eingetragen sind:

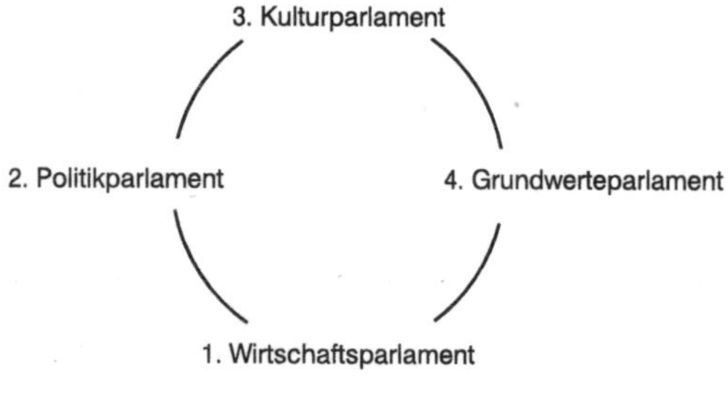

Figur 8: Die Subsysteme bzw. ihre Parlamente als Kreislauf

Die entscheidende Neuerung: bereichsspezifische Wahlen

Entscheidender aber als alle technischen Verfahrensregelungen ist die bereichsspezifische Wahl der Parlamentarier durch die Bürger anstelle von Einheitswahlen von „Einheitsparteien". Der bereichsspezifischen Wahl entspricht die bereichsspezifische Verantwortung. Das ist es, was die neue parlamentarische Arbeit von der bisherigen in Kommissionen wesentlich unterscheiden wird: Die jeweiligen Parlamentarier sind für ihren Bereich, für eine Ebene des sozialen Organismus, gewählt und für diesen im Hinblick auf das Gemeinwohl verantwortlich - auch wenn sie sich - im Zweifelsfall - mit den Vorlagen der jeweils anderen Parlamente, also mit dem Ganzen, unter ihrer jeweiligen Perspektive befassen müssen. Wegen dieses gewaltigen Unterschieds zur bisherigen parlamentarischen Praxis ist es auch richtiger, von vier Parlamenten als von vier Kammern oder Sektionen des Parlamentes zu sprechen.

Es genügt vollauf eine auch quantitative Vierteilung des bisherigen Einheitsparlaments, also vielleicht 4 mal 150 Abgeordnete. Es würden vielleicht auch viermal 120 oder 100 genügen. **Also das Gegenteil einer etwaigen Aufblähung des parlamentarischen „Apparats"!**

Die Zahl ist unerheblich, die Qualität der sachbestimmten Rückbindung an die jeweiligen Wahlkreise entscheidet. Ferner die Effektivität und Sachlichkeit der Beratung, die allemal in kleineren Gremien wächst. Dazu ist die Zahl auch unter beratungspsychologischem Gesichtspunkt festzulegen.

Für Verfassungsänderungen wäre sinnvollerweise eine Verfassungsversammlung aus allen vier Parlamenten zuständig. Ebenso wäre eine Vollversammlung der vier Parlamente für die periodische Budgetaufteilung an jedes der vier Subsysteme des staatlichen Handelns (Teilhaushalte) angebracht. Die Beratung über die Teilhaushalte durch die unterschiedenen Parlamente bringt übrigens eine entscheidende Verbesserung der Haushalts-Transparenz für Abgeordnete und Bürger mit sich.

Andere Funktionen als allein diese beiden (Verfassungsänderungen und periodische Budgetaufteilung) dürfen der Vollversammlung der Parlamente nicht zugesprochen werden, auf keinen Fall die normale Gesetzgebung. Dies wäre ein Rückfall in das alte Einheitsparlament mit unsachlich vermischten Kompetenzen. Die bereichsspezifische Gesetzgebung erst gibt den vorher bereichsspezifischen Wahlen ihr volles Gewicht. Das wohl strukturell (durch das Reflexionsstufenprinzip), nicht zu einem Gremium vereinheitlichte Kompetenzensystem ist entscheidend. Geringe Bedeutung hat dagegen die bloße Benennung: ob man von "Parlamenten", "Häusern", "Kammern" oder sonst etwas redet. Der Ausdruck "Kammern" hat zwar das Bild der getrennten Herzkammern für sich, birgt jedoch die große Gefahr, dass der wesentliche Bruch mit dem früheren Einheitsparlament durch den Anklang an traditionelle Formen von Kammernwirtschaft wieder nivelliert wird. Etwaige Kompetenzschwierigkeiten, die Gegner des Neuen ins Feld führen werden, können durch einen paritätisch besetzten Verfahrensausschuss aller vier Häuser geregelt werden, bevor im Extremfall das Verfassungsgericht angerufen werden müsste.

Die hier vorgeschlagene Parlamentsreform macht das Parlament also kostengünstiger und nicht etwa teurer! Dies nicht allein im Hinblick auf die Zahl der Abgeordneten, sondern auch im Hinblick auf die Effizienz ihrer Arbeit. Der Überlastungszuschlag in den Diäten kann entfallen. Denn natürlich wird nicht jeder Abgeordnete die Vorlagen aller Parlamente studieren müssen. In der allgemeinen Gesetzgebung wird das Gerangel zwischen den Parlamenten nicht groß sein, nur in einigen entscheidenden Weichenstellungen.

Die völlige Unabhängigkeit der Beauftragung und Verantwortung in den vier Parlamenten kommt am besten darin zum Ausdruck, dass nicht etwa an einem einzigen Wahltag vier Wahllisten angekreuzt werden, sondern dass angemessener Weise auf Bundesebene **vier Wahlen in vier verschiedenen Jahren** stattfinden. Denn Grundwerte-, Kultur-, politische und Wirtschafts-Fragen haben alle ein völlig eigenes Gepräge und Gewicht. Sie verdienen und erfordern eine jeweils eigene öffentliche Diskussion, eine außerparlamentarische Wertekommunikation mit argumenta-tiven, strukturierenden Elementen. Es ist also abzusehen, dass je-weils ein Jahr lang der Öffentlichkeitsprozess schwerpunktmäßig einem dieser Politikbereiche gewidmet sein wird. („Politik" hier im Sinne der gesamten rechtlichen Gestaltung des Gemeinwesens verstanden, im Unterschied zur politischen Ebene im engeren Sinn.)

Warum nicht jedes Jahr ein Wahlsonntag auf Bundesebene? Das kann einer Beteiligungs-Demokratie nur gut tun. Man sollte angesichts der neuen technischen Hilfsmittel - Einsatz einer elektronischen Wählerkarte - nur keine scheinbaren Kostenargumente zur Ausflucht nehmen! (Über mögliche, aber vom Inhaltlichen her nicht so wünschenswerte, zeitliche Zusammenlegungen mit Kommunal-, Landes und Europawahlen braucht hier nicht diskutiert zu werden.)

Sachparteien als „logisches" Resultat

Die Bürger spüren nur bei regelmäßiger und bereichsspezifischer Wahl zu Sachfragen, dass ihre Stimme ins Gewicht fällt. Es sind Stimmen für „Experten" ihres Vertrauens, also im Sinne von Vertrauensleuten. Vermutlich wird eine Listenwahl (Verhältniswahl) durch die mehrfache sachbereichs-spezifische Abstimmungsweise überflüssig. Selbst wenn man sich dennoch für eine Verhältniswahl nach Parteienlisten entscheiden sollte, haben diese - wie die Parteien selbst - einen völlig veränderten Charakter: Es stehen nunmehr Sachparteien zur Wahl. Sachparteien, im Unterschied zu den strukturell unsachlichen Einheitsparteien für alle Bereiche, ergeben sich notwendig und von allein durch die bereichsspezifischen Wahlen. „Parteikartelle" im Sinne der alten Einheitsparteien, die mit finanzieller und organisatorischer Macht über die Sachbereiche übergreifen und die sachlogische Zuordnung der Parteien neuen Stils wieder unterlaufen wollen, wären nötigenfalls im neuen Parteiengesetz zu unterbinden.

Auf die gesamte Frage der Parteienfinanzierung und Wahlkampfkostenerstattung unter grundlegend veränderten Verhältnissen brauchen wir uns hier (noch) nicht einzulassen.

Integration-durch-Differenzierung als Evolutionsprinzip

Über den modernen Differenzierungsprozess durch Arbeitsteilung und durch Trennung der "Wertsphären" (Max Weber) ist in der soziologischen Fachliteratur viel geschrieben worden. Die großen Soziologen der Pioniergeneration, als dieses Fach noch nicht von der philosophischen Sozialtheorie getrennt war, haben alle erkannt, dass "Modernität" durch Differenzierungsprozesse verschiedener, aber zusammenhängender Art definiert werden kann. Die Differenzierung der Wertsphären ist die entscheidende, sofern man in ihnen die Subsysteme des Organismus erkennt. Die Frage, wie gerade die Differenzierung der Wertebenen zu höherer Integration führen kann, wurde allerdings auch von Max Weber nicht beantwortet. Er sah das dinosaurierartige Wachstum einer bürokratischen Organisation als unvermeidliche Entwicklung kommen, ohne in seiner bemessenen Lebenszeit (1864-1920) eine Abhilfe vorschlagen zu können.

Indem die aufgezeigten Handlungs- und Wertsphären, die Subsysteme des sozialen Organismus, sich gestuft, also mit logischem Bezug aufeinander, ausdifferenzieren, gewinnen die Gemeinwesen erst eine neue, höhere Form der Integration:

- Effektive Steuerung geschieht von oben nach unten - wobei auch Rückkoppelung von unten nach oben zugelassen werden muss.
- Jeder Ebene des sozialen wird ihre spontane Eigengesetzlichkeit gelassen. Jedoch nicht in Form einer wildwüchsigen Automatik von unten nach oben (vom Wirtschaftssystem bis zum weltanschaulichen Subsystem), wie dies heute faktisch geschieht.
- Im Unterschied zu einem religiösen "Integralismus" bedeutet Integration daher nicht, dass jede Ebene des Sozialen direkt und ausschließlich von den Grundwerten her gesteuert werden dürfte, selbst in der aufgeklärtesten Form nicht, sondern nur indirekt, durch Rahmengesetzgebung.

Es geht einfach nicht länger an, dass dieselben Allround-Politiker, die für nationale Sicherheit, Verkehr und Außenpolitik zuständig sind, über Bildung und Kultur, gar über Inhalte der schulischen Ausbildung usw. bestimmen, genauso wenig wie über die Organisation unserer religiös-weltanschaulichen Belange.

Die Dominanz der Wirtschaft über die Politik ist nur scheinbar unausweichlich. Sie beruht auf Nicht-Differenzierung der hier unterschiedenen Ebenen und bedeutet nichts weniger als eine **strukturelle Korruption**, der gegenüber die einzelnen Fälle von Korruption, einschließlich der bekannten Parteispenden-Skandale, relativ harmlose Symptome sind.

Um einem Standardeinwand nochmals zuvorzukommen: Politische Steuerung der Wirtschaft durch Rahmengesetzgebung hat mit Planwirtschaft nicht das Geringste zu tun, sondern heißt gesetzliche Festlegung, in welchem Rahmen sich die pluralistisch freie Wirtschaft nach ihren eigenen Marktgesetzen entfalten kann. Der freie Markt ist eine **politisch herzustellende** Institution. Die derzeitige Herr-Knecht-Dialektik (wechselweise Verknechtung und Beherrschung) zwischen Ökonomie und Politik muss einer bewussten und freiheitlichen Strukturlogik Platz machen.

Vertreter der politischen Klasse, ihre „wissenschaftlichen“ Zuarbeiter und alle, die immer noch meinen, die Ordnung und Entwicklung unserer Gemeinwesen habe mit Logik nichts zu tun, sind grundlegend im Irrtum. Die Menschen, die das vorstehende Konzept verstehen und mehr als eine Viertelsdemokratie (dieser genauere Ausdruck ist nun verständlich) wünschen, werden es ihnen auf Dauer beweisen.

Kapitel VI

KONSEQUENZEN IN FÜLLE: DIE NICHT-PARLAMENTARISCHEN „GEWALTEN“

Ebenso wie sich das Parlament gemäß den organismischen Ebenen oder Subsystemen gliedert, ist dies theoretisch auch der Fall bei

- den anderen „Gewalten“, wie die Funktionen des Staates ursprünglich genannt wurden, also vor allem bei der Judikative als der Recht sprechenden, genauer Recht überwachenden Funktion
- der Regierungsexekutive
- der Verwaltungsexekutive (Administrative)

Zweierlei Exekutive

Die klassische „trikolorische“ (dreifarbige) **Gewaltenteilungslehre** mit der Unterscheidung von Exekutive, Legislative, Judikative war zwar damals, zur Zeit der Französischen Revolution, ein wichtiger historischer Durchbruch. Doch fehlte die systematische Begründung, die hier aufgrund der Reflexionstheorie gegeben wird. Und deshalb wurde bei der Exekutive nicht die **politische Exekutive** von der **Verwaltungsexekutive** oder Administrative unterschieden. In den USA meint *administration* vor allem die Regierung, was deutlich die ursprüngliche, systematisch aber nicht haltbare Vermischung der beiden Exekutiven zeigt.

Nur die Ministerialbürokratie jedoch bildet den verlängerten Arm der politischen Exekutive: als Schreibtisch wie die Denkwerkstatt der Regierung. Diese ist deshalb auch in hohem Maße weisungsgebunden gegenüber den gewählten Entscheidungsträgern.

Das gerade ist nicht der Fall bei der eigentlichen Verwaltung. Weisungsgebundenheit gegenüber der Regierung würde hier Korruption und Günstlingswirtschaft bedeuten: Kanzler oder Finanzminister werden sich hüten, einem Finanzamt Weisungen zu geben, etwa einen Steuerpflichtigen gesondert zu behandeln.

Die Verwaltung hat nichts anderes zu tun, als bestehende Gesetze und Verordnungen korrekt und sinngemäß **anzuwenden**, wogegen die politische Exekutive regieren, das heißt in einem großem Spielraum **kreativ entscheiden** und handeln soll. Von der Regierung erwarten wir, dass sie ihren Handlungsspielraum rechtzeitig, einfallsreich und geschickt nutzt, von der Verwaltungsexekutive dagegen nur, dass sie sinngemäß korrekt (aber nicht formalistisch überkorrekt und unsinnig!) die geltenden Gesetze und Verordnungen anwendet. Dieser grundsätzliche Unterschied in der Bedeutung von Exekutive wurde - mangels Reflexionsstufen-Theorie - bisher nicht klar gefasst, obwohl er vortheoretisch leicht einleuchtet.

Wegen der **Vermischung der Gewalten**, aufgrund unklarer Gewaltenteilungslehre, sitzt nicht nur die Regierung abstimmungsberechtigt im Parlament. Auch umgekehrt wird aber der soeben betonte Handlungsspielraum der Regierung zum Nachteil des Gemeinwesens eingeengt: Wo kann die Regierung noch handeln, ohne sich auf den blockierenden Parteienpoker eingelassen zu haben? Sie ist - selbst Partei - nur noch Ausführungsorgan der Parteien, das an kurzer Leine gehalten wird, beinahe im Sinne eines imperativen Mandats - freilich nicht gegenüber der Bevölkerung, sondern gegenüber den Parteien. Alles das entspricht nicht dem Sinn von Gewaltenteilung!

Ein neues Verständnis der Verwaltung: als Dienstleistung-Funktion

Die Verwaltungsbürokratie stand, da sie ja nicht als eigene „Gewalt" zum Thema wurde, bisher kaum unter demokratischer Kontrolle. Es macht wenig Sinn, eine zusätzliche „Bürgergesellschaft" zu fordern, ohne an solche Verfassungsmissstände zu rühren wie den, dass die Verwaltungsexekutive sich weitgehend der demokratischen Kontrolle entzieht. Daraus folgen unter anderen folgende konkrete Mindestforderungen:

- An der Spitze einer jeden Verwaltungsbehörde müssen entweder direkt demokratisch gewählte oder von den zuständigen Parlamenten **gewählte Chefs/Chefinnen** stehen, die für Effizienz und Bürgerfreundlichkeit der Behörden verantwortlich sind.

- Die **Bürgerbeauftragten**, die es für manche Bereiche wie Datenschutz bereits gibt, muss es für jede Behörde geben.
- In jedes Amt gehört obligatorisch ein **Schaubild (Organigramm)**, welcher Behörde dieses Amt direkt und indirekt untersteht, wie also die Behörde ins Gesamt des Gemeinwesens einzuordnen ist, einschließlich Angabe der Beschwerdemöglichkeiten und des zuständigen Bürgerbeauftragten.

Das Unheimliche, das sich mit den Worten „Ämter“ und „Behörden“ verbindet, beruht auf mangelnden Durchblick für den Bürger sowie auf der Unpersönlichkeit, wenn nicht Herablassung, mit der die Bürger von den Beamten und Angestellten behandelt werden - ein Relikt des vordemokratischen Obrigkeitsstaates. Die Verwaltungsexekutive oder Administrative muss sich von einer Art „feindlicher Besatzungsmacht“ zu einer **Selbstverwaltung der Bevölkerung** hin entwickeln.

Und diese Selbst-Verwaltung muss als echte Dienstleistung erlebt werden können. Die bisherigen Obrigkeitsdiener werden „Bedienstete“ der Bevölkerung. Der aus dem Geschäftsleben stammende Ausdruck „Kunde“ eignet sich wenig zur Bezeichnung dieses veränderten Verhältnisses des Bürgers zu seinen eigenen Beauftragten. Er beruht auf neuerlicher, kommerzieller Gedankenverirrung. Die Bürger sind Dienstgeber und Dienstnehmer für die Angestellten ihrer Selbstverwaltungsorgane. Hier muss eine neue Sprache her!

Einer oder vier Regierungschefs?

Über die Gliederung der Verwaltung wollen wir hier der bestehenden „Verwaltungswissenschaft“ nicht ins Gehege kommen. Eine Regierungswissenschaft ist dagegen noch wenig ausgeprägt, in Deutschland zumindest. Die *„Hertie School of Governance“*, die 2004 in Berlin ihren Lehrbetrieb aufgenommen hat, zeigt schon im Namen, dass es sich hier um eine Neuerung handelt.

Unsere Hauptfrage in Bezug auf die Regierungs-Funktion lautet: Muss auch die Regierungsexekutive vierfach gegliedert werden, wenn dies für die Legislative so wesentlich, ja entscheidend für das ganze demokratische Leben ist?

Um eine kurze Antwort zu versuchen: Die Viergliederung der Regierung dürfte nicht unabdingbar, also nur von weitem ebenso wesentlich sein wie die des Parlaments - aber doch wünschenswert und vermutlich sehr fruchtbar sein.

Die jetzigen Ministerien werden sich zwanglos den Ebenen Wirtschaft - Politik - Kultur - Grundwerte zuordnen lassen, genauer gesagt: Nur die Unterscheidung von Kultur und „Kultus" ist sauber vorzunehmen. Die Aufgabe des Kulturministeriums, sei es nun auf Länder- oder Bundesebene, betrifft:

3.1 Pädagogik, also Schule und deren Vorstufen, einschließlich der Hochschullehre,
3.2. Wissenschaft als Forschung (die vermutlich deutlicher als bisher von der Lehre des schon Erarbeiteten unterschieden werden muss),
3.3 Publizistik und öffentliche Kommunikation,
3.4 Kunst.

Ein „Kultus"-Ministerium im neuen, differenzierten Verständnis ist dagegen zuständig für die Aufsicht über alle privaten und öffentlichen Einrichtungen, die Weltanschauung, Ethik, Religion bzw. Spiritualität betreffen. Selbstverständlich nicht im Sinne einer Gesinnungsschnüffelei, sondern im Gegenteil: um das menschenwürdige, faire und geordnete Miteinander dieser Weltanschauungs-Einrichtungen, hauptsächlich bürgerschaftlicher, also nicht-staatlicher Art, zu gewährleisten.

Zurück zur Ausgangsfrage: ein Regierungschef oder deren vier? Der Autor plädiert für vier Regierungschefs, die in einem kollegialen Miteinander, aber zugleich in einer sachlichen Rangordnung miteinander stehen: in derselben Rangordnung wie die vier Parlamente. Der höchste Regierungschef, der für den Grundwerte-Bereich zuständige, könnte zugleich der Staatspräsident sein. Er hätte mehr exekutive Funktion als der heutige Bundespräsident, jedoch nur in seinem Grundwerte-Ressort, was der moralischen Autorität der bisherigen deutschen Bundespräsidenten entspräche. Die „Regierenden“ für Kultur, Politik in engeren Sinn und Wirtschaft hätten ihre eigenen Verantwortlichkeiten, die sie kollegial und vor allem nach sachlichen Regeln miteinander abstimmen müssten. Wahrscheinlich ist das „monarchische“, wörtlich „durch einen Herrscher“ geschehende Regieren überholt. Es führt vermutlich viel größere Risiken mit sich als die, freilich sachlich klar geregelte Kompetenzenverteilung der Verantwortung auf Mehrere: Das Versagen bzw. der Vertrauensverlust eines Regierenden sowie ein Regierungswechsel durch Misstrauensvotum des Parlaments würde immer nur einen Bereich, nicht die gesamte Regierung betreffen. Wie ohnehin die vier Regierenden nicht gleichzeitig ihr Amt antreten, weil die Legislaturperioden „ihrer“ Parlamente verschieden sind.

Doch gibt es hier einen bunten Spielraum für verschiedene Verfassungslösungen auf dem Boden der Viergliederung, das heißt primär, des viergegliederten Parlamentes. Zwar ließ sich die Viergliederungsidee selbst aus den reflexiven Grundstrukturen des sozialen Miteinanders streng deduzieren. Doch daraus ergibt sich nicht der falsche Ehrgeiz, alle möglichen Verfassungsvariationen im Einzelnen vorweg zu bestimmen, gar deduzieren zu wollen.

Gewaltenteilung allgemein

Im Übrigen gewinnt die bis heute völlig ausgehöhlte Gewaltenteilung dadurch einen neuen Sinn, dass die Regierenden und ihre Minister nicht den Parlamenten angehören (Trennung von Mandat und Regierungsamt, im Unterschied zum Parteiamt). Zwar stehen Regierungschefs und ihre Minister (und „Staatssekretäre“) für das Sachprogramm einer oder mehrerer Sachparteien. Doch sollten für die Zeit der Regierungsverantwortung Parteimitgliedschaft, Fraktionsmitgliedschaft und parlamentarisches Stimmrecht ruhen. Denn die Regierung ist streng für alle zuständig und dem ganzen Volk verantwortlich, keiner Partei, wie es derzeit noch der Fall ist.

Das Argument, auf diese Weise würden charismatische Gaben verschleudert oder gehemmt, dürfte unter den neuen, gegliederten Verhältnissen kaum ziehen: **Jedes Charisma kann und soll sich sachspezifisch entfalten**. Das pure Machtbeschaffungscharisma eines „Generalisten", ein Rückstand aus „einheitsstaatlichen", ja obrigkeitsstaatlichen Zeiten, wird nur noch wenig gefragt sein.

Selbstverständlich wird auch die **Judikative**, verstanden vorzüglich als Normenkontrolle (nicht als primäre Rechtsanwendung, die der Verwaltungsebene angehört), von der Neugliederung betroffen, besonders was die zu fordernde, neue Unabhängigkeit der Richter von Parteien alten Stiles angeht. Dies würde uns hier zu weit in die gründlich verminten Gebiete der Rechtsgelehrten führen. Es genügt zu sehen, in welcher Weise die Gliederung der demokratischen „Herzkammer" Konsequenzen für alle drei anderen „Gewalten", sprich Grundfunktionen der staatlich-rechtlichen Sphäre haben.

Kapitel VII

EINE ZUSÄTZLICHE ARCHITEKTONISCHE DIMENSION:
DIE DREIHEIT VON STAAT - PRIVATEM - ÖFFENTLICHEM

Gegen die Überlegungen der letzten Kapitel ließe sich einwenden, sie seien staatsfixiert - trotz der Lanze, die auf den letzten Seiten schon für ein bürgerschaftliches Verständnis der Verwaltung gebrochen wurde. Staat aber bedeutet nichts anderes als die umfassende Rechtsgemeinschaft. Wenn wir hier noch die Europäische Union als Staatenverbund (oder drohendem Superstaat) außer Acht lassen: vom Nationalstaat herunter über die Bundesländer, die Kreise und Kommunen. Alle diese haben an der staatlichen Rechtsgemeinschaft ihren Anteil. Doch die bei weitem wichtigste Ebene von Staatlichkeit bildet bis heute die nationalstaatliche Ebene.

Der Ausdruck „Nation" akzentuiert die kulturelle, vorstaatliche Einheit, „Staat" dagegen die Rechtsinstitution mit ihrem Gewaltmonopol.

Viele Vertreter der heutigen „bürgergesellschaftlichen" Bewegung möchten gern außerhalb der „Staatsfixierung" denken. Gemeint sind eigentlich die Überbleibsel des Obrigkeitsstaats, die nicht allein in Deutschland zahlreich sind. Das gesamte gegenwärtige Selbstverständnis der „politischen Klassen" innerhalb wie außerhalb Deutschlands trägt obrigkeitsstaatliche Züge.

Die bürgergesellschaftliche Bewegung kann und darf schon deshalb nicht den Staat in seiner gegenwärtigen „Verfassung" ungeschoren lassen. Sie darf nicht am Staat vorbei denken, als sei es schon obrigkeitlich gedacht, sich über seine Neukonzeption Gedanken zu machen. Sonst werden die vielen guten Ansätze „von unten" allzu leicht zu Gesellschaftsspielen auf der Titanic. Denn der Rechtsverband Staat ist durch nichts zu ersetzen. Er darf weder, wie früher, mystifiziert noch, wie heute von bürgerschaftlich Engagierten leicht geschieht, ignoriert oder gar als ganzer bekämpft werden.

Neben und quer zu der aufgezeigten Vierheit gilt es dabei, in allen Bereichen folgender Dreiheit der Organisationsformen Rechnung zu tragen:

Figur 9: das Viergliederungs-Oikos mit vertikaler Dreigliederung der Organisationssphären

- *Das* ***staatliche*** *Handeln ist Handeln durch beauftragte Amtspersonen.*
- *Das* ***private*** Handeln *ist Handeln auf eigene Initiative.*
- *Das* **öffentliche** Handeln steht dazwischen, angefangenen von eingetragenen Vereinen bis hin zu Körperschaften öffentlichen Rechts. Diese haben, wie der Name schon sagt,

einen rechtlich privilegierten Status, ohne jedoch staatliche Einrichtungen zu sein.

(Diese Dreiheit ist anders und konsequenter gedacht als die oft zu hörende, aber sozialphilosophisch undurchdachte, teils auf Verwechslung mit der Vierheit der Subsysteme beruhende Dreiheit von Staat - Markt - Gemeinschaft. Denn der Markt ist keineswegs allein der Inbegriff der privaten Initiativen, sondern repräsentiert diese nur auf der wirtschaftlichen Ebene. Und das Öffentliche sind nicht nur Nachbarschaftsgemeinschaften oder sonstige Selbsthilfegemeinschaften, die hilfreich einspringen, wenn das Offizielle nicht mehr funktioniert. Das Öffentliche umfasst vielmehr die ganze Fülle gemeinnütziger Initiativen.)

Mit der allgemeinen Unterscheidung von Privat - Öffentlich - Staatlich steht ein begriffliches Instrumentarium bereit, um Bürgergesellschaft nicht bloß als (negative) Freiheit vom Staat, sondern als Befreiung zur Eigeninitiative zu denken, und dies auf allen vier Ebenen des sozialen Organismus:

- Befreiung vom **Klassenstaat**, dessen „Demokratie" bisher hauptsächlich der rechtlichen Privilegierung eines sich aus sich selbst vermehrenden Geldes, des berühmten Kapitals, dient, zu wirklicher wirtschaftlicher Chancengleichheit. Dies wird nicht ohne eine Grundlagenbesinnung auf das kapitalistische Prinzip des mitarbeitenden Geldes und des Kapitallohns gehen. Aber wo haben wir bisher eine gesamtgesellschaftliche Institution, in der über solche Grundlagenfragen überhaupt ernsthaft und kontinuierlich diskutiert werden kann? Das Wirtschaftsparlament kann nicht die einzige Institution dieser Art darstellen. Doch in ihm müssen die Fäden rechtswirksam zusammenlaufen: Die Parlamente selbst sind dazu berufen, den beständigen Übergang vom Bürgerschaftlichen zum Staatlich-Rechtlichen zu leisten.
- Befreiung vom **Parteienstaat** zu kommunikativer Sachlichkeit innerhalb wie außerhalb der neuen Parlamente. Die herrschenden Parteien fühlen sich heute als die staatstragende Institutionen. Aber, „wirken sie bei der politischen

Willensbildung des Volkes“ so mit (21 GG), dass man sie als die lebendige Formierung der eines bürgerschaftlichen Diskussionsprozesses betrachten kann? Die Frage stellen, heißt sie verneinen. Es helfen aber auch keine Bürgerbewegungen, welche die Macht in der Mitgestaltung des öffentlichen Raumes und des Staates dann doch den Parteien alten Stiles überlassen. Die bürgerschaftliche Bewegung muss aufs Ganze gehen, um sich nicht selbst zu verleugnen.

- Befreiung vom **Schulmeisterstaat** zu kultureller Kreativität. Einst war es ein großer kultureller Fortschritt, dass die staatlichen Gemeinwesen den Kirchen das Schulprivileg aus der Hand nahmen und eine allgemeine Schulpflicht einführten. Heute gilt es, den staatlichen Anteil an Schulen und Universitäten in größtmöglichem Maße wieder einzugrenzen. Der Staat muss seine „Schulaufsicht“ darauf begrenzen, die Mindeststandards und die Vergleichbarkeit der Abschlüsse zu gewährleisten. Vermutlich kann auch der parteipolitischen und innerwissenschaftlichen Vermachtung von Forschung und Lehre, eine milde, doch hocheffiziente Art von Korruption, nicht besser gesteuert werden, als dadurch: der Bürgerschaft das Urteil über die für sie relevanten Leistungen im höchsten Maße selbst zu überlassen. Diese „Freiheit des Geisteslebens“ (Rudolf Steiner und die Anthroposophie) darf jedoch nicht vom **Regen der Staatslenkung** in die **Traufe der Wirtschaftsabhängigkeit** geraten. Hier liegt die große kulturelle Gestaltungsaufgabe, bei der uns die USA nur teilweise ein Vorbild sein können.
- Befreiung vom **Konfessionsstaat** der staatskirchenrechtlichen Überprivilegierung der alten Konfessionen. Es geht an dieser Stelle nicht um innerreligiöse Fragen. Wohl gehört Religion als soziales Phänomen zentral zu einer „ganzheitlichen“ Sozialphilosophie. Wenn wir bürgerschaftliche Gewissensfreiheit und echte Freiheit der Meta-Kommunikation (der Kommunikation in Bezug auf die Letztwerte, also in Bezug auf die Bedingungen aller sonstigen Kommunikation) ernst nehmen, dürfen historische Privilegien aus Zeiten der

Obrigkeitsstaaten (die noch bis weit ins 20. Jahrhundert „protestantisch, reformiert oder katholisch" genannt wurden!) nicht mehr Ton angebend sein. Diese Überprivilegierung der historischen Konfessionen ist aber gerade in den deutschen Sprachgebieten in hohem Maße noch an der Tagesordnung: angefangen von staatlich finanzierten konfessionellen Kindergärten über konfessionelle Grundschulen bis hin zu theologischen Fakultäten, oft zweien nebeneinander, an den meisten Universitäten, abgesehen von den daneben noch bestehenden Konkordatslehrstühlen an den Philosophischen Fakultäten. Vom Kirchensteuerprivileg zu schweigen. Alles dies sind Relikte aus Zeiten der Obrigkeiten „von Gottes Gnaden".

- Es zeigt sich hierin ein Mangel an „bürgerschaftlicher" Freiheit im Religiös-Weltanschaulichen, ohne die aber eine Mündigkeit, z.B. in der ethischen Werte-Kommunikation (gebündelt im Grundwerteparlament), also eine ernsthafte Werteverwirklichung aus Freiheit und Geist heraus gar nicht zu haben sind. Entweder besinnt sich die Öffentlichkeit auf gemeinsame philosophische Wertgrundlagen des Gemeinwesens, die von den verschiedenen Religionen, Konfessionen und Weltanschauungsgruppen mitgetragen und in fairer Weise ausgetragen werden - oder man verbleibt in „selbstverschuldeter Unmündigkeit".
- Die notwendige Aufklärung („der Ausgang des Menschen aus seiner selbstverschuldeten Unmündigkeit", Kant), der hier das Wort geredet wird, ist - wohl gemerkt - keineswegs irreligiös. Gerade deshalb dürfte sie vorerst leider auf den lebhaften Widerstand der Monopolkonfessionen treffen. Vorerst: solange die bürgerschaftliche Bewegung sich nicht auch und gerade im Grundwertebereich ernst nimmt und ihre ureigensten Rechte reklamiert. Es wird hier keinem religiösen Individualismus das Wort gesprochen, sondern im Gegenteil: der Freiheit der religiösen Vergemeinschaftung. Diese ist mit der heutigen, auf „Staatskirchenrecht" gestützten **Konfessionsstaatlichkeit** (den Resten des Staats-

kirchentums) mit unzähligen Privilegien der Großkirchen unvereinbar. Sie entzieht im Grunde dem Gemeinwesen unter dem Vorwand, es zu stützen, die notwendigen geistigen Energien.

- Diese „Freiheit eines Christenmenschen" im Verhältnis zur staatlichen Obrigkeit hat Luther seinerzeit leider noch nicht durchdacht. Sonst wären uns viele Religionskriege erspart geblieben, auch eine unheilvolle deutsche Obrigkeitsfrömmigkeit. Heute darf, ja muss diese Freiheit - auch aus religiösen und geistigen Gründen - in ganz unblutiger Weise wahrgenommen werden. Viele Religionsdiener, die wirklich dem Geiste verpflichtet sind, werden das selbst einsehen. Nur Mut!
- Es wurden hier die vier Bereiche genannt, in denen die bürgerschaftlich Bewegten, wenn sie sich selbst ernst nehmen, die bestehenden rechtlichen Zustände nicht unangetastet lassen dürfen - womöglich unter dem Vorwand, prinzipielles Herangehen an die Probleme sei „staatsfixiert". Der Staat, das sind Wir, im Hinblick auf unsere rechtlich geregelten Beziehungen!

Kapitel VIII

DER SOZIALETHISCHE GESICHTSPUNKT: SOZIALPRINZIPIEN UND IHRE EVOLUTION

Das Moralisieren und Appellieren an die Einzelnen, wo es um strukturelle Fragen des Gemeinwesens geht, wurde schon anfangs als hochideologische Ablenkungsstrategie zurückgewiesen: Die strukturellen Unzulänglichkeiten des Gemeinwesens werden mahnend dem Einzelnen angelastet: Das Ganze ist nicht besser, weil du dich nicht besserst. Die entscheidende Besserung des Einzelnen aber, die in der Tat weiterführt, ist genau „der Herausgang des Menschen aus seiner selbstverschuldeten Unmündigkeit", das Herausgehen aus Konformismus und Mitläufertum als den Ersatzdrogen für tatsächliche Gemeinschaft. Schluss mit der Bereitschaft, sich täuschen und einlullen zu lassen, besonders durch das alte Herrschaftsmittel der Erzeugung von Schuldgefühlen!

Nachdem die „Außenarchitektur" einer künftigen demokratischen Gesellschaft mit der Vierheit der **Systemebenen** (die auch Wertebenen sind) und der Dreiheit der **Organisationsformen** (staatlich - privat - öffentlich) erarbeitet wurde, hat es Sinn, für die „Innenarchitektur" nunmehr sozialethische Prinzipien geltend zu machen. Diese haben einen ganz anderen Status als moralische Appelle. Sie sind in erster Linie sozialethische Richtlinien für die Gesetzgebung und die praktische Auslegung der Gesetze. Zusätzlich und in zweiter Linie allerdings auch Maßstäbe für das individuelle Verhalten.

In der katholischen Soziallehre wurden seit dem 19. Jahrhundert einige dieser Sozialprinzipien aufgestellt, woran hier durchaus positiv angeknüpft wird, jedoch mit größerem systematischen Anspruch. Erneut dient die Reflexionsstufung hierbei als Meta-Prinzip, um diese großen sozialethischen Richtlinien von erheblicher Tragweite in ihrem inneren Zusammenhang zu thematisieren.

Das Solidaritätsprinzip (der solidarischen Gerechtigkeit)

Aus dem in III. skizziertem Menschenbild ergibt sich: Es gibt kein isoliertes Individuum, sondern eine ursprünglichste Verbundenheit der Individuen. *Der Mensch ist: leibhaftiges Wesen der Selbstreflexion (von daher der Freiheit), aber von Anfang an in Interaktion mit Natur (Dingen), mit Seinesgleichen und dem unendlichen Sinn-Medium.* All diese Instanzen sind Vermittlungsinstanzen seiner „gelebten" Selbstreflexion, einfacher gesagt: seines Lebens.

Freiheit muss demnach als eine ursprünglich gemeinsame, eine **dialogische Freiheit**, konzipiert werden. Nicht als bloße Selbstbestimmung, sondern als: Sich-Bestimmen im Bestimmtwerden (durch Natur, andere Freiheiten, Sinnströmungen).

Wir könnten demnach Solidarität als ursprüngliche Verbundenheit genauer durchbuchstabieren als:

- **Solidarität mit der Natur** und in der naturhaften Verbundenheit der Menschen. Ein Mensch der Frühzeit war auch physisch verloren, wenn ihm die Zugehörigkeit zu seiner Überlebensgemeinschaft aufgrund von Streit oder Verbrechen „aufgekündigt" wurde.
- Solidarität als **Respektierung der je-persönlichen Freiheit** und Eigenart sowie der grundsätzlich gleichen Personwürde.
- Solidarität als **Band von Freiheit zu Freiheit**, als Fürsorge, Verlässlichkeit und Treue sowie der gegenseitigen Gerechtigkeit zwischen den Menschen, auch über die physische Bedürftigkeit hinaus.
- Solidarität als **verteilende Gerechtigkeit**, von der Gemeinschaft und ihren Institutionen her gesehen.

Für alle diese Stufen und Aspekte gemeinsame Freiheit gilt: „Eine/r für Alle, Alle für Eine/n", woraus sich der Impuls zu einer solidarischen Gerechtigkeit („Jedem das Seine", nach dem Maßstab der Gegenseitigkeit von Teilhabe und Teilgabe) ableitet.

Das Rechts(staats)prinzip

Eigentlich wäre mit dem Prinzip der Solidarität alles gesagt bzw. getan. Auch die Grundsätze eines „natürlichen“ Rechts sind in ihm implizit enthalten. Aber da es mit der „formlosen“, ursprünglichen Solidarität - aufgrund der Versuchbarkeit und Hinfälligkeit der menschlichen Freiheit - auf weite Strecken der Menschheitsgeschichte nicht gelang, musste sich aus der ursprünglichen Verbundenheit das formelle Recht herausbilden: als „Regel der gegenseitigen Begrenzung der Freiheiten“ (Kant). Zwar ist Begrenzung, wie wir sahen, keineswegs das erste Verhältnis der Freiheiten zueinander (sondern vielmehr dialogische Entgrenzung des scheinbar hautabgeschlossenen Einzelnen), aber doch ein systematisch und evolutiv notwendiges Verhältnis, wenn die Menschen einmal aus der ursprünglichen Verbundenheit heraus gefallen sind. Insbesondere in Bezug auf Äußeres sind dann gut rechtlich zu unterscheiden: Dein und Mein, auch meine Leistung und deine Leistung.

Auf dem Prinzip des Rechts wird erst spät der Rechtsstaat gebaut. Dieser nimmt das Recht nicht bloß zu Hilfe und stellt es der Willkür der (auf religiöser oder reiner Machtgrundlage) Herrschenden anheim, Recht festzusetzen, zu deuten und anzuwenden. Erst durch den Rechtsstaat wird das Recht von einer Willkürwaffe der Herrschenden zu einem Freiheitsprinzip. Staat bedeutet dann nichts anderes als Rechtsgemeinschaft. (So schon Kant in seiner *Metaphysik der Sitten* von 1797, § 45.)

Allgemein nachvollziehbares (in der Demokratie dann: allgemein mitgesetztes!) Recht ist die „Geschäftsgrundlage“ des modernen, weltanschaulich pluralistischen Staates. Staat ist durchaus nicht die Totalität menschlicher Gemeinschaft und Gesellschaftlichkeit, aber deren schützende Minimalstruktur. Darüber, dass das Recht seinerseits allerdings vorrechtliche, also ethische und weltanschauliche Grundlagen hat und braucht, wurde im Zusammenhang mit dem Grundwerteparlament gehandelt. Dieses stellt die neuartige, einer fortgeschrittenen Demokratie einzig angemessene Regelung der **Übersetzung vorrechtlichethischer Grundlagen in Recht** dar.

Das Subsidiaritätsprinzip (der demokratischen Souveränität)

Wenn formelle Rechtlichkeit der dialektische, individualistische Gegenschlag zur ursprünglichen Solidarität war, so meint Subsidiarität ihrerseits etwas dem Rechts(staats)prinzip dialektisch Entgegengesetztes: den Vorrang der bereits vergemeinschafteten Einzelnen, also der elementaren Gemeinschaften, im Verhältnis zum Staat und anderen umfassenden Sozialgebilden.

Subsidiarität (von *lat. subsidium, Hilfe*) beinhaltet nichts Geringes als den Aufbau der Gesellschaft von unten nach oben, von den kleineren zu den größeren, komplexeren Gebilden. Die größeren sollen den kleineren, früheren Gebilden helfen, nicht diese erdrücken. Die Bezeichnung wurde in der Auseinandersetzung der katholischen Kirche mit dem Staat über die unverfügbaren Rechte der Familie eingeführt. (Klassische Fundstelle: Die Enzyklika *Quadragesimo anno vom* 15.5.1931.) Im Grund wurde hier aber ein ganz fundamentales, in der Sache uraltes Sozialprinzip berührt.

Im deutschen Grundgesetz (noch immer keine von der Bevölkerung angenommene Verfassung, wie § 146 GG selbst fordert!) ist dieser Gedanke des Ausgehens der Staatsgewalt von unten ausgedrückt in Artikel 20, 2 GG: „Alle Staatsgewalt geht vom Volke aus.“ Zwar ist die Verbindung dieses Gedankens der Volkssouveränität oder der demokratischen Souveränität mit dem der Subsidiarität nicht geläufig. Umso mehr verdient sie hier der Hervorhebung: Das Subsidiaritätsprinzip handelt nicht von irgendeiner Spezialität, z.B. Selbstbestimmungsrecht der Familien, sondern vom Ursprung und Aufbau der großen Gesellschaft sowie vom Ursprung aller Souveränität.

Für das zusammenwachsende bzw. in der Art des politischen Vorgehens eher **von oben zusammengezwungene Europa** hätte dieses Prinzip hervorragende Bedeutung - wenn es denn befolgt und nicht bloß in Feiertagsreden beschworen würde. Aber auch für den vielgelobten deutschen Föderalismus, der ein besseres

Instrument als die parteipolitische Blockadekammer namens Bundesrat verdiente.

Das Viergliederungsprinzip (auch als sozialethischer Maßstab)

Viergliederung als architektonisches Prinzip einer weiterentwickelten Demokratie wurde im Vorhergehenden ausführlich vorgestellt. Es wird nunmehr als viertes sozialethisches Prinzip eingeordnet in den Kreis der anderen Sozialprinzipien. Es bietet über die Grund- oder Außenarchitektur hinaus auch einen sozialethischen Maßstab der alltäglichen Zuordnung und Gewichtung unzähliger Fragen des öffentlichen Lebens, ob es sich etwa um Religionsfragen (Kruzifixe und Kopftuch in der Schule), Kulturfragen (Gastfreundschaft der Kulturen im Verhältnis zu ausländischen Mitbürgern und Pflege unserer Sprache als wichtigstes Kulturgut), im engeren Sinn politische oder wirtschaftliche Fragen handelt. Es lässt sich auch als das Prinzip der „Integration durch Differenzierung" kennzeichnen: Probleme können nur integral gelöst werden durch die besagte Ebenen-Differenzierung (und deren entsprechend weitere Untergliederung, die hier, aber selbst im ausführlichen Demokratiebuch noch wenig ausgeführt werden konnte).

In der geschichtlichen Herausbildung der Sozialprinzipien ist durchaus ein „Fortschritt im Bewusstsein der Freiheit" (Hegel) zu erkennen. Was heute mit dem Viergliederungsprinzip zum Durchbruch kommt, ist **das konstruktive Paradigma**: nicht mehr die „Freiheit von" alten Ketten ist die Aufgabe der Gegenwart, sondern die konstruktive „Freiheit zu" neuen, höheren Sozialgestalten steht geistesgeschichtlich an. Die bisherige Demokratie basierte auf dem Paradigma der Befreiung des Bürgers von den alten, feudalen Bindungen. Dieses Paradigma reicht nicht mehr aus für die heute immer offensichtlicher erforderliche Neugestaltung. Der Leser selbst möge beurteilen, wie viel an heutiger, hochgescheiter Sozialtheorie und theoretischer Soziologie einem solchen konstruktiven Paradigma gerecht wird. Ein Großteil des sozialwissenschaftlichen „Diskurses“ (um hier einmal das so missbrauchte, weit überstrapazierte Modewort zu wählen) gehört dem **alten, negativen Paradigma** der Befreiung von Dogmatismen und autoritären Bindungen an. Einschließlich jener „kritischen Theorie“, welche die 68er Bewegung beflügelte. Nie seit Hegels und Marx` Zeiten hat Philosophie so das Tagesgeschehen geprägt. Leider fehlte genau das, was allein zu „nachhaltigen“ Veränderungen geführt hätte und worum es heute geht: die Substanz des Konstruktiven.

> „Frei wovon? Was schiert das Zarathustra? Hell aber soll mir dein Auge künden: frei wozu?“
>
> (F. Nietzsche, *Zarathustra, Vom Wege des Schaffenden*)

Konstruktiv-kritische Vernunft heißt heute: Antwort geben auf die Frage, wie kann es, wie sollte es weiter gehen? Noch wird konstruktive Kritik als die beißendste, weil wirklich ändernde, gefürchtet und vor allem: geächtet. Es wird der Zeitpunkt kommen, da man händeringend nach ihr Ausschau halten wird.

Kapitel IX

ZUKUNFTSGERICHTETE SYNTHESEN:
DEMOKRATIE VON MORGEN

Das Spezifische der Demokratie (neue Demokratiedefinition)

Der heute erkennbare Idealtyp von Demokratie ist somit ein solidarischer, sozialer (1) Rechtsstaat (2), worin die als Volk vorweg vereinigten Individuen ihre Macht (Souveränität) subsidiär delegieren (3) und ein kreislauffähiges Kompetenzensystem zur Realisierung der gemeinsamen Werte (des Gemeinwohls) einrichten (4).

Während Sozialstaat (1) und Rechtsstaat (2) auch schon ohne Demokratie möglich waren, bilden:

- die **subsidiäre Delegation der Macht** (3)
- sowie **das kreislauffähige Kompetenzensystem** (4)
  das Spezifische der Demokratie.

Das letzte Definitionselement ist historisch neu und unbequem. Es dürfte jedoch unabdingbar zu einer Demokratie der Zukunft gehören. Denn nur durch das gestufte Kompetenzensystem ist Realisierung gemeinsamer Werte als demokratisch mitbestimmter denkbar.

Repräsentative und direkte Demokratie

Vieles spricht für Stärkung der direktdemokratischen Elemente, jedoch nicht auf Kosten der repräsentativen Elemente. Vielmehr geht es um eine innere Synthese beider Spielarten der Delegation von Macht.

- Die direkte Demokratie basiert auf dem **Mehrheitsprinzip**, das nur in kleinen Gemeindeversammlungen mit direkter Beratung aller verbunden ist.

- Die repräsentative Demokratie bringt, wo sie denn wirklich funktioniert, qualifizierende Elemente hinzu. Sie basiert auf **Vertrauen** der Wählenden in die besondere **Qualifikation** und die stellvertretende **Beratung** ihrer gewählten Stellvertreter. Wir müssen uns aber klar machen, dass wir heute - aus besagten Gründen - im staatlich-parlamentarischen Bereich keine funktionierende Repräsentation vorfinden.

Würden diese Elemente voll gewürdigt und praktisch berücksichtigt, erwiesen sich zahlreiche, oft unausgesprochene, Einwände gegen Demokratie als bloße Mehrheits-Herrschaft als hinfällig. Die demokratische Mehrheitsregel wäre in der Tat „der Unsinn" (Friedrich Schiller), wenn es bei ihr um die pure Quantität, nicht um eine bereits durch Kompetenzauswahl und Beratung qualifizierte Mehrheit ginge!

Das einseitig quantitative Verständnis der Demokratie führt zu Zynismus, auch wegen der erschreckenden Abhängigkeit dessen, was „Mehrheit" heißen soll, also von den Zufälligkeiten der Wahlgesetze. Wenn es allein auf quantitative Mehrheit ankäme, wäre die Demokratie unglaubwürdig und zunächst moralisch, dann bald auch politisch endgültig erledigt.

Beauftragung aufgrund von persönlichem Vertrauen und sachlichem Zutrauen in die Kompetenz der Beauftragten bilden auch den großen Unterschied zum **imperativen Mandat** in einem Rätesystem, das eigentlich subsidiär und basisdemokratisch, von unten nach oben, funktionieren soll, jedoch nicht funktionieren kann, solange nicht die vertrauensbasierte Übergabe von Vollmacht erfolgt.

Demokratie als Staatsform der Kommunikation, zu der Vertrauen und Beratung als wesentliche Bestandteile gehören, hängt in erster Linie von der Qualität ihrer „kommunikativen Gewalt" ab, der parlamentarischen. Es versteht sich aber, dass außer der formell beauftragten Kommunikationsfunktion der Parlamente die **informellen Beratungsprozesse** überall in der Gesellschaft von großer Bedeutung sind. Auch in einem viergegliederten System sind die Parlamente „nur" die Formalisierung und Konzentration der gesamtgesellschaftlichen Kommunikation, der Meinungsbildungsprozesse in allen Lebensbereichen, selbst am viel belästerten Stammtisch, der gar nicht so dumpf wäre, wenn der Input von Seiten der politisch Agierenden intelligenter und transparenter wäre!

Direkte Demokratie kann in größeren Gemeinwesen - streng genommen überall, wo es über die Basisversammlung aller Betroffenen hinausgeht - **selbst nur so gut sein kann wie ihr repräsentativer Arm**, weil ihr eigenes Funktionieren (Vorschlagsrecht, grobe Fragealternativen formulieren bzw. manipulieren) von diesem Arm abhängt. Das ist es, was in den Bilderbuchdarstellungen von direkter Demokratie meist unterschlagen wird. Was allerdings nicht gegen eine Volksabstimmung spricht, wenn sich wirklich ein markantes Ja oder Nein evtl. plus dritte Position zu einer alle bewegenden Frage herauskristallisiert. Dem grundsätzlichen Misstrauen in Volksabstimmungen von Seiten der politischen Klasse, die sich unbewusst gegen das allgegenwärtige Misstrauen ihr gegenüber noch ein kleines Weilchen selbst behaupten will, wird hier nicht das Wort geredet!

Eine Synthese beider Demokratiearten, welche die Vorteile und nicht die Nachteile beider zur Geltung bringt, ist aber möglich: durch die sachgemäße Differenzierung der Politikbereiche, durch Wandlung der Einheitsparteien zu jeweiligen, problemangepassten Sachparteien im Sinne der Viergliederung. Der entscheidende Schritt zu einer **repräsentativen Demokratie, die zugleich direkt ist**, besteht darin, dass Sachparteien sowie Einzelkandidaten nach ihrer Stellung zu anstehenden Sachproblemen bereichsspezifisch gewählt werden. Sachspezifische Abstimmungen, gekoppelt mit persönlichem Vertrauensmandat, sind das Wesen der direkten Demokratie (sofern sie nicht mehr in Dorfversammlungen besteht). Der scheinbare Gegensatz ist also im hier entwickelten Vorschlag überwunden.

Im Übrigen schließt diese sprunghafte Verbesserung des Repräsentationssystems besondere Direktwahlen für einzelne Bürgermeister, Ministerpräsidenten, Bundespräsidenten, selbst

Regierungschefs keineswegs aus, auch nicht zusätzliche einzelne Sachabstimmungen über gut vorbereitete, einfache Entscheidungsfragen.

Was wir als technische Erleichterung der neuen Synthese von direkter und repräsentativer Demokratie ernsthaft in Betracht ziehen sollten, ist der heute mögliche Ausbau einer **„elektronischen Demokratie“** in Form von häufigen Abstimmungen mittels eines elektronischen Wählerausweises.

Die durch elektronische Technik erleichterte Rückbindung der bereichsspezifischen Bewerber um ein Parlamentsmandat ist übrigens etwas völlig Anderes als die gegenwärtige **Demoskopie-Demokratie**, mit der die Einheitsparteien heute ihre Herrschaft scheinbar abmildern, gar legitimieren wollen.

Kapitel X

STRATEGIEN UND ABGRENZUNGEN: AUFKLÄRUNG ALS REVOLUTIONÄRE PRAXIS

Eine wichtige strategische Unterscheidung

Fragt man nach verwandten evolutionären Bestrebungen, muss dazu vor allem die Unterscheidung von Endzielen und Zwischenzielen getroffen werden, die man in vielen politischen Debatten vermisst.

Manche „Halbheiten" können sehr wichtig sein, wenn sie bewusst als solche, als Zwischenschritte also, verstanden werden. Man muss dazu aber das eigentliche Ziel kenntlich machen, damit nicht gerade intelligente Menschen abwinken und etwas als Halbheit erklären.

Ein aktuelles Beispiel: Da wird eine „Dritte Kammer" von Nichtregierungsorganisationen propagiert (so ein „Kasseler Friedensforum" und „Friedenspolitischer Ratschlag": www.uni-kassel.de/fb10/frieden): All die gesellschaftlichen Kräfte, die sich im herkömmlichen Parlament nicht wirklich vertreten sehen, könnten sich hier zusammenraufen und eine gemeinsame Stimme ins Gewicht werfen. Sicher eine sehr gute Idee, wenn dies als ein energischer Schritt zu etwas Ganzem, also zu der hier vorgetragenen, durchdachten Viergliederung des Parlaments nach den Sachbereichen und Wertebenen gemeint ist. Dann, und nur dann können die konventionellen Parteien und ihre Abgeordneten (angeblich die des Volkes) auf Dauer nicht widerstehen. Einfach, weil die evolutionäre Logik zu offensichtlich auf Seiten eines solchen Dritte-Kammer-Ereignisses steht. Wenn allerdings die „Dritte Kammer" von Nichtregierungsorganisationen als Dauerinstitution angezielt wird, handelt es sich um ein totgeborenes Kind: Was hat es für einen Sinn, ein neues Gebäude mit hohem Anspruch an zwei morsche alte anzulehnen? Sobald eine so genannte „Dritte Kammer“ mehr als ein demonstratives Ereignis sein will, kommt sie in die Mühlen berechtigter Legitimitätsfragen: Wer repräsentiert wen mit welchem Recht, in welcher Proportion? Was sind eigentlich genauer Nichtregierungsorganisationen (NGO's)? Gehören Wirtschaftsbetriebe oder Kirchen auch dazu? Fragen über Fragen, die zu einem voraussehbaren Ergebnis führen: So ändert sich nichts. Für effektive Änderung muss ein durchdachtes Endziel formuliert werden.

Nicht einmal bei den Grünen, dem einzigen Beispiel einer großen „fortschrittlichen“ Veränderung der parlamentarischen Szene in der Nachkriegszeit, auf der manche Hoffnungen ruhten, wurde die Unterscheidung von Zwischenzielen und Endzielen systematisch vorgenommen. Dies ist - neben der mangelnden Pflege klaren Denkens im Verhältnis zu dem berechtigten emotionalen Aufbruch - ein Hauptgrund für die Verwässerung ihrer ursprünglichen Anliegen. Mag sein, dass Verschleierung und Vernebelung der Ziele vorübergehend auch eine Erfolgsstrategie ist, dem in den 68er Jahren angesagten „langen Marsch durch die Institutionen“ angemessen. Jedoch eine sehr kräftezehrende und am Ende erfolgsarme, weil im Ansatz unwahrhaftige Strategie.

Andere gute Zwischenschritte, sofern sie als solche konzipiert sind: die Programme der Geldreformer (www.geldreform.de) oder der Globalisierungskritiker um „Attac“, ebenso die heute im Entstehen begriffenen „Bürgerhaushalte“. Es erübrigt sich, zu kommentieren, warum die hier jeweils formulierten Ziele im Vergleich zu einem demokratietheoretischen Gesamtkonzept nur Teil- oder Zwischenschritte sein können. Was „Attac“ angeht, so wäre die Bewegung gut beraten, sich im Sinne einer künftigen Sachpartei auf der Wirtschaftsebene weiter zu profilieren - mit einer Gesamtvision von Demokratie freilich. Andernfalls verzettelt sich die Bewegung vor lauter „Ganzheitlichkeit“ und Parlamentsferne. Das vorhandene Dilemma: unmittelbar politikwirksame parlamentarische **„Partei“** oder offene, kritische **„Bewegung“** tut sich nur solange auf, als an Einheitsparteien und -parlamente alten Stiles gedacht wird. Eine Sachpartei künftiger

Art kann strategisch spezifisch arbeiten und doch einen mehr oder weniger offenen oder auch definierten ganzheitlichen Hintergrund haben. Die Unterscheidung von Spezifikum und Hintergrund konvergiert mit der von Zwischenzielen/Endzielen.

Ist der Bonus dieser Unterscheidung auch für unseren neuen „Nationalen Ethikrat" und den „Nachhaltigkeitsrat" geltend zu machen? Nicht solange keine weiter ausgreifenden und sauberen demokratischen Lösungen auch nur in den Blick gefasst sind! Meines Erachtens ist diese Art von „Räterepublik" ein neuerlicher Demokratieersatz, der den Menschen Sand in die Augen streut und das Gefühl vorgaukelt, es herrsche doch keine Plutokratie (Herrschaft des Kapitals) und auch keine Oligarchie (Feudalherrschaft) der Parteien. Mit „Ethik" und „Nachhaltigkeit" lassen sich solche Schachzüge am besten ausführen.

Auf der Linie des hier Vertretenen lag auch die Forderung nach einem „Oberhaus" im Sinne eines **„Rates der Weisen"**, wie sie mein charismatischer Vorgänger auf dem (einstigen) Berliner Lehrstuhl für Sozialökologie, der ehemalige DDR-Dissident Rudolf Bahro, vertreten hat. Bei aller Sensibilität für gesellschaftliche Strömungen und wichtig werdende Themen, die Frauenfrage etwa, gar die angemessene Vertretung der Kinder als unseren eigentlichen Zukunftsträgern: Bahro hat doch erst kurz vor seinem Tod (im Nachwort zu meinem Buch *Sprung aus dem Teufelskreis* von 1997, Neuaufl. 2005) das Prinzip „Integration durch Differenzierung" halbwegs akzeptiert. Ihm schwebte ein unmittelbares Durchgreifen eines spirituell getönten „Rates der Weisen", gar eines „Fürsten der ökologischen Wende", durch alle Bereiche der Gesellschaft hindurch vor: Eine Art neuer Theokratie, die mit der hier vertretenen relativen Eigenständigkeit und Differenzierung der Subsysteme nur dieses gemeinsam hat: dass die Letzt- oder Grundwerte tatsächlich verwirklicht werden und nicht wegen vordergründiger Geld- und Machtinteressen auf der Strecke bleiben. Selbst in dem erwähnten Nachwort verwahrt sich Rudolf Bahro kaum gegen den Vorwurf des Fundamentalismus. Dagegen wird hier entschieden der Differenzierung der Ebenen und der vermittelten, indirekten

Verwirklichung der Grundwerte bei relativer Eigenständigkeit der Ebenen Wirtschaft, Politik, Kultur das Wort geredet. Dazu wurde bisher nirgends eine Alternative vorgelegt!

Doch geht es in diesen strategischen Überlegungen nicht um neue Theorie-Auseinandersetzung.

Es müssten noch zahlreiche andere Organisationen und Netzwerke genannt werden. Diejenigen, die sich für direkte Demokratie einsetzen wie „Mehr Demokratie e.V." oder „Stiftung Mitarbeit" wurden in der vorherigen Diskussion über die anstehende Synthese von direkter und repräsentativer Demokratie mitbdacht.

Die „Soziale Wahlalternative" und die Grundfrage des Kapitalismus

Vor allem wäre heute die „Soziale Wahlalternative" als Bündnispartner zu betrachten: die Kräfte, die durchschauen, dass die gegenwärtigen „Reformen" retrograder Abbau des Sozialstaats sind. Durchschauen sie aber auch, dass ihre Besitzstandswahrung bestenfalls ein Zwischenschritt ist - dass es darum geht, **eine grundsätzliche und globale Neuordnung des Verhältnisses zwischen Arbeit und Kapital** vorzunehmen? Aufzuräumen mit der Fiktion eines „arbeitenden" und daher seinen Kapitallohn namens Rendite verdienenden Kapitals? Die Front hier „Unternehmer", dort Lohnabhängige war immer schon falsch, schon zu Marxens Zeiten. Und Marx hat es deutlich gesagt: Dass der produktive Unternehmer auf der Seite der Lohnabhängigen steht gegenüber dem Geldkapitalisten (*Das Kapital*, Bd. III, bes. Kap. 23-25).

Wer heute noch mit diesem falschen Gegensatz arbeitet und sich im Feilschen um etwas mehr oder weniger Lohn oder Arbeitszeit erschöpft, hat von dem eigentlichen weltweiten Gegensatz zwischen Kapitalbesitzern, die von arbeitslosen Einkommen leben, und den Bedienern des Kapitals, den Zinszahlern in allen Preisen, nichts begriffen. Der will weiterhin **einen Kapitalismus zähmen, der vom Prinzip her nicht zu zähmen, sondern nur produktiv zu überwinden ist**. Vorschläge dafür liegen weltweit reichlich vor.

Dass gerade in Deutschland der Gegensatz zwischen dogmatischen Marxisten und nicht weniger dogmatischen Geldreformern (z.B. der Gesellschen Schule) schier unüberwindlich zu sein scheint, ist geradezu tragisch. Es hat seine Gründe jedenfalls nicht im Rationalen.

Die Vertreter der „Sozialen Wahlalternative" oder wie sie sich im Wahljahr 2006 nennen mögen, müssen sich entscheiden, ob sie etwas Halbes oder etwas Ganzes wollen. Beides lässt sich nur unter der Bedingung vereinbaren, dass sie die Unterscheidung von Zwischenzielen und Endzielen bewusst machen, wenn sie also etwas Ganzes wollen! Ohne dies bleiben ihre Anstrengungen wieder einmal zum Scheitern verurteilt. Denn die große Koalition der „Reformer" hat auf ihrer Seite die Logik des bestehenden Systems. Entweder trägt man dieses unter weiteren Opfern für alle Welt mit - oder man stellt es von Grund auf, vom sozialethischen Prinzip her, in Frage: Verdient das Kapital einen Lohn, weil es „arbeitet", ist Geldbesitz folglich eine Berechtigung für arbeitslose Einkommen? Ist Kapitalismus mit dem Leistungsprinzip (von Solidarität noch zu schweigen) und mit einem freien Markt überhaupt vereinbar? Es ist eine historische Lüge, Kapitalismus mit freier Marktwirtschaft zu identifizieren! Ein Geld mit dem internen Selbstvermehrungsmechanismus (= Kapital) verdirbt im Gegenteil jeden freien Markt, ebenso wie es die Möglichkeit der Bodenspekulation tut.

Hier zeigt sich nun, dass wirkliche Demokratiereform untrennbar verbunden ist mit der Frage des Kapitalismus. Bisher gab es nur kapitalistische Demokratie. Die Dominanz der Wirtschaftsebene wurde nicht bloß in Kauf genommen. Sie gehörte wesentlich zum System. Eine echte Demokratiereform sprengt das Prinzip des Kapitalismus, die leistungslose Selbstvermehrung des Geldes (durch Rendite und den entsprechenden Zinsbestandteil, wobei Rendite als Kapitallohn vom Unternehmergewinn wohl zu unterscheiden ist). Sie wird auf Dauer die heiligsten Kühe des Kapitalismus schlachten müssen. Aber es gibt ja die Unterscheidung von End- und Zwischenzielen.

Wird die „Soziale Wahlalternative“ diesen Zusammenhängen auf den Grund gehen und in diesem Sinne revolutionär werden - oder etwas Halb und Halbes bleiben, gar die Überlebenskämpfe des globalisierten Spätkapitalismus mit zu verlängern helfen, auf Kosten der großen Mehrheit der Menschheit?

Evolution oder Revolution?

Über jene Unterscheidung von Endzielen und Zwischenzielen hinaus tut sich die Kluft zwischen „Evolutionisten“ und „Revolutionären“ auf: Kommen wir in kleinen Schritten (allein) weiter oder bedarf es großer Sprünge und Brüche? Es versteht sich aber, dass sprunghafte Revolution selbst ein wichtiger Modus der Evolution ist. Die Evolution in Natur und Geschichte macht durchaus Sprünge. Daher ist die undialektische, ausschließende Entgegensetzung beider falsch. Wesentlich ist, dass ein qualitativer Sprung erfolgen muss - ob sanft, mit Unterstützung der bestehenden Kräfte, oder weniger sanft.

Nur Gewalt sollte ausgeschlossen bleiben. Denn ist es gerade der „Glaube“ an den Geist und seine evolutionäre Logik, was die neue Stufe und auch den Sprung dahin kennzeichnet. Auch wenn sich mit diesem Glauben an den Geist das elementare Gerechtigkeitsgefühl in der Bauchgegend und die noch elementarere Lebensnot verbinden.

Wir haben in Deutschland eine Tradition friedlicher Revolutionen, was gern vergessen wird. Wenn Lenin bemerkte, die Deutschen würden für eine Revolution eine Bahnsteigkarte lösen, macht er sich auch über diese Friedlichkeit lustig. Selbst wenn wir von den Bauernaufständen zu Luthers Zeiten absehen, sind weiterhin nicht wirklich im kollektiven Bewusstsein: die bürgerliche Revolution von 1848 sowie die proletarische von 1918/1919. Dass beide nicht friedlich verliefen, beruht in erster Linie auf **brutaler Anwendung von Waffengewalt** von Seiten der Obrigkeiten! Ist es geschichtlich ungerecht, hier von einer verbrecherischen Missachtung des Volkswillens zu sprechen? Einzig die „deutsche

Revolution" von 1989 verlief friedlich - weil die Obrigkeit die Aussichtslosigkeit einer längeren gewaltsamen Unterdrückung einsah. Wieweit sie den Namen einer demokratischen Revolution voll verdient, mag hier dahin gestellt bleiben. Inzwischen erkennen die Menschen in Ostdeutschland mit Bitterkeit, dass es mit der ersehnten Demokratie nicht weit her ist. Das Gefühl, gegenüber einer westlich dominierten politischen Klasse erneut in der Objektrolle zu sein, dürfte viel bitterer sein als allein die Abstriche am erhofften kapitalistischen Wohlstand.

Das Potential an politischer und sozial-ökonomischer Unzufriedenheit ist national wie weltweit riesengroß. Im Grunde haben wir global vorrevolutionäre Verhältnisse, selbst wenn wir das aktuelle imperialistische Kriegsgebahren der USA und einiger Verbündeter hier noch außen vor lassen und uns auf die strukturellen Ursachen beschränken. Sie zu ändern, ist die einzig „nachhaltige" Terrorismusbekämpfung!

Heute bildet dieses, nicht an die alten Klassengegensätze gebundene Potential **die Mehrheit der zurecht Unzufriedenen**, das potentielle „revolutionäre Subjekt", und zwar national wie global. Unter der vordergründigen wirtschaftlichen Unzufriedenheit lauert das tiefe Gefühl, im Grunde nichts zu sagen zu haben in dem, was sich da „Demokratie" nennt. Besteht aber Aussicht, dass diese Mehrheit das hier entwickelte konstruktive Paradigma von Demokratie-Evolution (das wegen der adäquaten Berücksichtigung der weltanschaulich-religiösen Ebene selbst für die islamischen Staaten attraktiv würde) aus der Theorie in die Praxis umsetzt?

Noch einmal, mit konstruktiver Theorie bekommt die Aufklärung, jene „lautlose Ansteckung" (Hegel), eine neue Qualität: War sie einst und in immer neuen Wogen enthüllend, demaskierend, so kann und muss sie heute **konstruktive Aufklärung** sein. Der Gestus ist nicht bloß enthüllend, sondern aufzeigend: „Eine andere Demokratie ist möglich". Entscheidend ist diese Einsicht, und eine zweite: Die Verbreitung solcher Aufklärung ist selbst eine soziale Praxis ersten Ranges.

Sieben Strategieschritte

Ich werde oft nach den Schritten der Verwirklichung gefragt. Es ist grundsätzlich nicht möglich, diese vorwegzunehmen. Die Geschichte lässt sich in ihrem Ablauf nicht vorweg in ihre Karten sehen, selbst wenn der nächste große Evolutionsschritt erkannt ist. Wohl lassen sich strategische Handlungsschritte thematisieren. In diesem Sinne kann man die sieben Strategieschritte der so genannten Engpaß-Konzentrierten-Strategie (EKS) nach Wolfgang Mewes aus dem Wirtschaftsbereich in den Bereich der sozialen Zielverwirklichung übertragen. Es handelt sich bei den folgenden, an die EKS angelehnten sieben Schritten um eine zusammenfassende Verdeutlichung der gegenwärtigen Situation, nicht etwa um eine Systematik im strengeren Sinn.

1. Analyse der besonderen Eigenschaften und Stärken der „alten Maschine" Demokratie

Problembewusstsein und Veränderungswille sind in hohem Maße in der Bevölkerung vorhanden. Wie gehen wir damit um? Werfen wir die demokratische Idee mit ihren Feiertagsreden resigniert auf den Schrotthaufen der Geschichte? Lassen wir sie weiterhin als ein nicht ernstgenommenes Ideal über der bitteren Wirklichkeit schweben, die sich unterdessen nach rückwärts entwickelt? Oder können wir mit dem ganzen angestauten Bewusstseinspotential der schweigenden Mehrheit etwas Konstruktives, verblüffend Weiterführendes anfangen?

2. Suche nach der erfolgversprechendsten Verwendung: die Ideenverbindung von Geld- und Demokratiereform

Was in der (inzwischen vergleichbaren) Krise zur Zeit der Weimarer Republik fehlte, war die Erkenntnis des Zusammenhangs von Geld- und Demokratiereform und der Blick auf einen konstruktiven Ausweg auf politischer Ebene. Wir erlebten damals einen für Deutschland und die ganze Welt höchst verhängnisvollen Rückfall in autoritäre Strukturen. Heute gibt es dagegen eine theoretisch fundierte Bewegung für Demokratiereform, die an ernsthafte Analysen zur Geld- und Wirtschaftsreform (seit Karl Marx und Silvio Gesell) anknüpfen kann.

Selbst wenn das Gros der Parteipolitiker uns unermüdlich versichert, an unserer besten Demokratie aller Zeiten sei grundsätzlich alles in Ordnung und auch der Kapitalismus sei zu zähmen, ausgerechnet dadurch, dass wir unsere sozialstaatlichen Ansprüche zurückschrauben und „den Gürtel enger schnallen" - eine Verbindung von älteren, geldreformerischen Gedanken mit den hier vorgelegten Gedanken zur fundamentalen, konstruktiven Demokratiereform würde sich als „unschlagbar" erweisen.

Es ist die Ideenverbindung von Geld- und Demokratiereform, die beide gleichzeitig, im Sinne eines Synergieeffektes, stärken würde. Eine Geldreform allein stellt grundsätzlich bloßes Wunschdenken dar, weil die politischen Verwirklichungsbedingungen nicht bedacht werden, einschließlich einer Plattform, auf der die noch kontroversen Vorstellungen über Geldreform diskutiert werden könnten. Selbst eine sachlich gute Geldreform, welche die Wirtschaftsdominanz als eine „bessere" fortsetzen würde, wäre nochmals verfehlt. Leider machen sich das einseitige Geldreformer zuwenig klar.

„Politik kann man in diesem Land definieren als die Durchsetzung wirtschaftlicher Zwecke mit Hilfe der Gesetzgebung" (Kurt Tucholsky anno 1919), selbst wenn man nicht von Parteispendenskandalen wüsste! Wann wird man sie umgekehrt definieren können als effektive Durchsetzung eines pluralistischen Grundwerte-Konsenses in Kultur, Politik und Wirtschaft hinein?

Eine solche Gesellschaft wäre „nachhaltig" im Sinne eines Kreislaufs der Werte durch all ihre Ebenen hindurch: ein viel weiteres Verständnis von „Nachhaltigkeit" als die übliche, allein auf die Ökologie begrenzte Nachhaltigkeit. **Welche Wirtschaftsordnung trägt solche große soziale „Nachhaltigkeit" mit?** Diese Frage könnte zur Leitfrage der gemeinten Ideenverbindung von Geld- und Demokratiereform werden! Welche entwickelte Wirtschaftsordnung unterstützt ganzheitliche Menschlichkeit im Rahmen einer kommunikativen Gesellschaft?

Zur Wirtschaft einer nachhaltigen Gesellschaft würde beispielsweise das Grundrecht auf Arbeit ebenso zählen wie die Anerkennung kultureller Kreativität, der (noch immer vorwiegend weiblichen) Hausarbeit und der zwischenmenschlichen Fürsorge.

Die Politikverdrossenheit verwandelt sich in Reformwillen, sobald konstruktive Auswege durch die neue Ideenverbindung sichtbar werden.

3. Suche nach der erfolgversprechendsten Zielgruppe

Leider können wir uns derzeit nicht auf die große „freie" Presse stützen. Sie wäre zwar die natürliche Aufklärungsinstanz für die Bevölkerung. Doch sie ist überwiegend selbst in den Händen der wirtschaftlich und politisch dominierenden Klasse. Also müssen wir nach Alternativen suchen:

Bei dieser Suche stoßen wir:

- Erstens auf die vielen in den letzten Jahren entstandenen und weiter entstehenden **Tauschringe und Regionalwährungen**. Auch wenn diese für sich kaum eine gesamtgesellschaftliche Durchschlagskraft erlangen können, übernehmen sie zumindest doch eine bewusstseinsbildende Funktion, gerade bei den Jugendlichen.
- Zweitens auf zahllose gesellschaftliche **Reformgruppen**, denen der Zusammenhang ihres spezifischen Anliegens mit der Geldfrage sowie mit der Demokratieproblematik bereits bewusst ist oder leicht bewusst gemacht werden kann: z. B. alle ökologischen und alternativ gesundheitsbezogenen Gruppen. „Die Gesundheitsrevolution" (Ellis Huber/Kurt Langbein 2003) kann durchaus ein Kristallisationspunkt der gesamtdemokratischen Revolution werden.
- Drittens auf Hunderte von **ökologischen Dorfgemeinschaften** neuen Stils, die dabei sind, sich in politischer Absicht zu vernetzen. (Ein Verzeichnis europäischer Gemeinschaften und Ökodörfer ist erhältlich über **www.eurotopia.de.**)

- Viertens und vor allem die „vereinigten" **Langzeitarbeitslosen und Sozialhilfeempfänger**, die mehr oder weniger schuldlos Verarmten (darunter viele altersarme Rentner) und Millionen von unserem Kapitalismus an die Wand gespielte Menschen. Eben diese sind es ja, die sich derzeit in einer „Sozialen Wahlalternative" zusammenschließen. Wie schon gesagt, kommt hier alles darauf an, dass diese große Bevölkerungsgruppe und ihre Organisatoren nicht wieder überholte, halbherzige Kompromisse mit dem Bestehenden schließen.

4. *Suche nach der brennendsten „Marktlücke": Vereinzelung durch Vernetzung überwinden*

Alle diese Zielgruppen haben ein Grundproblem gemeinsam: das der Vereinzelung. Diese Reformgruppen (Umwelt- und Tierschützer, Ökobauern, Vegetarier bzw. Menschen, die die Notwendigkeit erkennen, den Fleischkonsum drastisch zu reduzieren, Naturkostfreunde, Gesundheitsgruppen, Pharmageschädigte, Förderer von Solar- und anderer alternativer Energie, religiöse Gemeinschaften und kirchliche Initiativen zur Entschuldung der Dritten Welt, Theosophen, Anthroposophen und andere spirituelle Gruppen, Friedens- und Menschenrechts-Gruppen, Vereinigungen für Erhaltung der nationalen Sprachen usw.) aber auch die sich auf Marx berufenden Linken, sofern auch sie friedliche Revolution wollen, brauchen keineswegs ihr jeweiliges Spezifikum aufzugeben. Ob "spirituell" oder "wissenschaftlich" oder einfach politisch motiviert, müssen sie ihre wesentliche Übereinkunft in Geld- und Demokratiereform wechselseitig anerkennen, sofern sie gesamtpolitische Wirksamkeit und nicht nur Nabelschau wünschen. Diese Ideenverbindung braucht ihnen nicht wie etwas Fremdes von außen nahe gebracht zu werden, als wären ihre jeweiligen Anliegen unwichtig; sie können selbst erkennen, dass mit diesem doppelten Fokus die **notwendige Bedingung** für die Verwirklichung ihrer besonderen Anliegen ausgesprochen ist.

Die Geld- und Demokratiefrage hat sachliche Priorität insofern, als es bei ihr um die **Bedingungen der machtentlasteten**

Kommunikation über alle anderen Sachthemen geht. Das ist heute das demokratische Grundproblem: allererst Verfahren der fairen Kommunikation über die anstehenden gesellschaftlichen Probleme herzustellen und zu stabilisieren.

Vernetzung tut also Not: durch die kleinen Presseorgane der genannten Gruppen sowie durch das Internet. Die Vernetzung ist keine bloß technische, sondern eine geistige Aufgabe. Das neue Paradigma ist nicht nur konstruktiv, sondern ganzheitlich oder **integral**. Hat man jemals von einer sozialen Theorie gehört, die alle Ebenen des Sozialen, vom Wirtschaftlichen über das Politische und Kulturelle bis hinein in die spirituellen Voraussetzungen im Zusammenhang thematisiert, und zwar in einem praktischen Zusammenhang?

5. Vorsprung durch Innovation: Meinungsführerschaft nutzen und ausbauen

Weil die Ideenverbindung von Geld- und Demokratiereform allerdings die notwendige Bedingung für alle anderen, verwandten Reformbestrebungen darstellt und weil sie in dieser Doppelgestalt von Hause aus politisch ist, kann und wird sie eine Meinungsführerschaft erlangen, sobald die genannten und andere Reformgruppen sich selbst in politischer Absicht zu vernetzen beginnen. Solche Meinungsführerschaft - der Marktführerschaft im Wirtschaftlichen vergleichbar - erzeugt einen positiven Strudel. In dieser Phase wird die „Erfolgsspirale" im Sinn der engpasskonzentrierten Strategie wirksam werden. Die Aufbruchsstimmung, die zu Anfang der 80er Jahre die grüne Bewegung trug, wird nun auch der vernetzten Bewegung für Geld- und Demokratiereform zugute kommen - mit dem Unterschied, dass diese klarer durchdacht, ausgereifter, noch vielseitiger, brisanter und alternativlos notwendig ist.

6. Integrale Kooperation: „spiritueller" Geist der Synergie statt Konkurrenz

Die grüne Bewegung blieb zu einseitig emotional getragen, trotz viel vorhandenem Fachwissen über Umweltschutzprobleme.

Nicht nur der Sinn für strukturelles Denken, das für die Geld- und Demokratiereform unerlässlich ist, wurde unterbewertet. Auch wurde den spirituellen Kräften nicht wirklich Rechnung getragen, weil das Konzept für die korrekte, pluralismusfähige Transformation der Letztwerte (für den Einzelnen) und Grundwerte (für das Kollektiv) in Politik und Wirtschaft - über ein pluralistisches Grundwerteparlament mit durchgreifenden rechtlichen Rahmenkompetenzen für Rahmenbedingungen von Bildung (Kultur), Politik und Wirtschaft - fehlte.

Weil kein Einzelner, auch kein zufälliges Gremium, die Fähigkeiten des genauen Wahrnehmens, des logischen Denkens, des sensiblen Fühlens, der hellhörigen Intuition (um nur von den Erkenntnisvermögen zu sprechen) alle in gleichem Maße und auf allen Gebieten hat, weil auch keine der Gruppen alle Interessen, Begabungen und Einsichten in gleichem Maße kultivieren und die zugehörigen Aktionen ausführen kann, ist die synergetische Kooperation, Kommunikation und Willensbildung nicht hoch genug zu bewerten. Dennoch bedarf es der Fokussierung auf ein gemeinsames Ziel, welches die **Bedingung der Möglichkeit für die Erreichung aller** ist.

Das bedeutet Verzicht darauf, die Begabungen und Interessen der anderen Einzelnen und Gruppen abzuwerten, für weniger wichtig zu erklären. Ähnlich wie im sozialen Ganzen Wirtschaft, Politik, Kultur und Religion in ein bewusstes, konstruktives Verhältnis gesetzt werden, so muss dies mit der ganzen Palette der menschlichen Wesenskräfte geschehen - um der Kooperation und der Verwirklichung des gemeinsamen Zieles willen.

Ein besonders krasses Negativbeispiel bildet die völlig ungerechte, alte Gegnerschaft der Geldreformer im Gefolge von S. Gesell zu dem, was sie für „Marxismus“ halten, eine Gegnerschaft, die von marxistischen Gruppen von Herzen, leider nicht ebenso mit Verstand, erwidert wird. Solche historischen, selbstdestruktiven Rechthabereien müssen endlich beendet werden!

7. *Von einem brennendsten Problem zum andern: institutionelle Realisierung der Geld- und Demokratiereform*

Was in den vernetzten Gruppen beginnt, kann nicht anders, als in Theorie und Praxis auf die Gesamtgesellschaft und ihre Institutionen überzugreifen. Dieser Prozess erreicht einen **möglichen ersten Höhepunkt**, wenn er Eingang in den Deutschen Bundestag findet. Dieser könnte aktiv die strukturelle Revolution in die Hände nehmen. Denn diese richtet sich (bei aller Kritik an der politischen Klasse) gegen grundsätzliche Strukturdefizite, nicht gegen einzelne Abgeordnete. Die persönlichen Schranken können ebenso überwunden werden wie die strukturellen Defizite.

Es lässt sich nicht vorausbestimmen, bei welchem Postulat der integralen Geld- und Demokratiereform zuerst die eigentliche gesamtpolitische Realisierung begonnen werden kann. Möglicherweise wird die Realisierung bei den derzeit brennendsten Sachproblemen, bei Arbeitslosigkeit, Gesundheits- und Altersvorsorge usw., beginnen. Doch immer wird sichtbar werden, dass eine ökonomische Grundlagenreform nicht ohne Reform der demokratischen Strukturen möglich ist - noch mehr als umgekehrt eine grundsätzliche demokratische Weiterentwicklung nicht ohne Antastung der kapitalistischen Privilegien im Geldsystem (Selbstvermehrungsprivileg des „arbeitenden" Geldes) und im Bodenrecht möglich ist.

Klassikerworte

Der Versuch, die Reformstrategie in Phasen oder Schritte einzuteilen, sollte, wie erwähnt, nicht durch einen „systematischen" Anspruch überbewertet werden. Es geht um Denkanregungen für die vielen, die mit Recht fragen, wie man denn aus der Theorie in die Praxis übergehen kann. Die treffendste Antwort darauf bietet indessen das Weisheitswort, das vom französischen Dichter Antoine de Saint-Exupéry stammt (*Citadelle*, Abschnitt CLI, 1948 posthum erschienen; deutsch: *Die Stadt in der Wüste*, Abschnitt 139):

„Wenn du ein Schiff bauen willst, dann trommle nicht Männer zusammen, um Holz zu beschaffen, Aufgaben zu vergeben und die Arbeit einzuteilen, sondern lehre sie die Sehnsucht nach dem weiten, endlosen Meer."

Die Einteilung der einzelnen, situationsbedingten Arbeiten kann und braucht hier nicht vorweggenommen zu werden. Sie wird sich unter Wohlmotivierten ergeben, wenn es soweit ist. Die Sehnsucht nach einer echten Demokratie lebt aber von der Einsicht in deren strukturelle Möglichkeit. Sonst stirbt diese tiefe Sehnsucht eines jeden nach einer Gemeinschaft freier und gleicher, nicht beraubender und unterdrückender Menschen, die sich einander mit ihren verschiedenen Gaben bereichern. Dieses Glück gewährleistet - nicht allein auf der staatlichen Ebene - die gelingende Demokratie. Deshalb bleibt Aufklärung über deren Verwirklichungsmöglichkeit der allererste und allerwichtigste Schritt. **Die strukturverändernde soziale Praxis beginnt schon mit der Theorie selbst und ihrer Verbreitung.**

Dieser springende Punkt ist in seiner Bedeutung gar nicht zu überschätzen, wird aber über einlullenden, nur scheinbar praktischen Appellen leicht vergessen. Umso besser lässt er sich mit den Worten dreier unserer Klassiker zusammenzufassen:

„Ist erst das Reich der Vorstellung revolutioniert, so hält die Wirklichkeit nicht aus" (G.W.F. Hegel, Brief vom 28. Okt. 1808).

„Kommt aber einst, wie der Strahl aus dem Gewölke kommt,
aus Gedanken, geistig und reif, die Tat?
Leben die Bücher bald?" (F. Hölderlin, An die Deutschen)

„Auch die Theorie wird zur materiellen Gewalt, sobald sie die Massen ergreift" (K. Marx, Einleitung zur Kritik der Hegelschen Rechtsphilosophie).

Hier ist die soziale Praxis des Lesers selbst angesprochen: Er ist, du bist, verehrter Leser, der unersetzliche, unvertretbare Übermittler der konstruktiven Aufklärung über Demokratie. Bei dir beginnt der wichtigste Praxisschritt der „lautlosen Ansteckung" mit der neuen, konstruktiven Aufklärung. Sie kann sich nur wie ein heilsamer Virus ausbreiten.

Allerdings könnte sich dieser Virus bald auch dadurch sehr praktisch bemerkbar machen, dass weite Teile der angesteckten Bevölkerung in Zukunft die pseudodemokratischen Wahlen verweigern. Frei nach Brecht: **Stellt euch vor, es ist wieder die alte Parteien-Heerschau und keiner geht hin!** Eine durchaus ernst gemeinte Anregung, damit auch die Pfründenbesitzer dem Virus nicht mehr lange widerstehen können. Auch die Partei der Nichtwähler wird stark, wenn sie mehrheitlich ein theoretisches Konzept hat. Dieses bildet allerdings die Bedingung für Besserung durch Verweigerung, auch die Bedingung möglicher drastischerer Formen zivilen Ungehorsams. Nur aufgrund konstruktiver Aufklärung wissen die Menschen, was warum mit welchem Ziel gegebenenfalls die „große Verweigerung“ (H. Marcuse) konkrete Formen annimmt.

Kapitel XI

AUSBLICKE: EUROPÄISCHE UND GLOBALE DEMOKRATIE-ARCHITEKTUR

Die aufgezeigte Viergliederung des politischen Systems hat auch auf europäischer wie globaler Ebene - in jeweils wesentlich abgewandelter Weise - größte Bedeutung.

Ein multidimensionales Europa der unterschiedlichen „Geschwindigkeiten"

Was Europa angeht: wirtschaftliche, politische, kulturelle und weltanschauliche „Einheit" Europas müssen jeweils unterschiedlichen Charakter haben.

Einer monodimensionalen, von der Wirtschaft diktierten, von einer hauchdünnen politischen Klasse allein diskutierten Einheit ist eine **multidimensionale** Einheitsbildung entgegenzusetzen: **ein Europa unterschiedlicher Geschwindigkeiten und Strukturprinzipien**.

Was das für eine „andere" europäische Verfassung bedeutet, kann hier nicht im einzelnen durchdekliniert werden. Auch hier gilt, wie in diesem ganzen Buch (ebenso wie in seiner ausführlichen Fassung): Keine Patentrezepte für Einzelfragen, sondern eine Strukturformel, welche die Verfahrungsbedingungen dafür schafft, dass über die Einzelfragen adäquat beraten werden kann.

Die Strukturformel lautet auch für Europa: Differenzierung von wirtschaftlicher, politischer, kultureller und religiös-weltanschaulicher Ebene als Voraussetzung für Integration. Sicher würde das die Zahlenspiele für das europäische „Parlament", den Ministerrat und die Kommissionen auflockern und aus mancher Verbissenheit herausführen: Es gibt kein Einheits-Europa, sondern ein Europa mit mehreren Dimensionen, die jeweils ihre eigenen Verfassungen und Gesetze haben.

Der jetzige Verfassungsentwurf hat nicht nur Schönheitsfehler, sondern ist eine **einheitspolitische Anmaßung der Parteiencliquen**! Die einzig legitime Einheitsverfassung für Europa wäre die Formulierung des Bezugs der Dimensionen zueinander. So sieht das aus „revolutionärer" Viergliederungssicht aus. Sollte das hastige Machwerk des jetzigen Entwurfs zur Geltung kommen, ist es nicht mehr wert als der berühmte „Stabilitätspakt" zum Euro.

Nicht umsonst wird der Souverän, das ist immer noch die jeweilige nationale Bevölkerung, möglichst wenig gefragt, vor allem in Deutschland. Doch irgendwann wird das Volk seine unveräußerlichen Rechte einfordern. Man droht mit dem Schreckgespenst der Kriege, die durch diese Einheitsbildung nun endgültig überwunden seien. Aber haben wirklich die europäischen Völker als solche gegeneinander diese Bruderkriege geführt - oder waren sie nicht die Verführten, Betrogenen und Genötigten ihrer Obrigkeiten?

Am meisten fällt ins Auge, dass der kulturelle Reichtum Europas gerade in der Vielfalt der nationalen Kulturen und ihrer Sprachen liegt. Sie anzutasten, bedeutet ein Verbrechen nicht nur an den angetasteten Nationen, sondern am europäischen Geist selbst. Die Vielfalt wird aber tagtäglich angetastet, indem man zum Beispiel - gegen die offiziellen Statuten - stillschweigend zum Englischen als der europäischen Einheitssprache übergeht. Allenfalls das Französische hat noch eine kleine Chance. Die Deutschen als größte europäische Sprachgemeinschaft kämpfen neuerdings (verspätet und halbherzig) um ihre Sprache als dritter auf europäischer Ebene. Dieser Kampf ist aber m. E. falsch, weil er nur das Unrecht gegen die kleineren europäischen Sprach-Nationen verstärkt. Was wir brauchen, ist eine neutrale, einfache **europäische Verkehrssprache**. Sie sollte freilich mit einer künftigen **Welthilfssprache** identisch sein. Dies kann vernünftigerweise nicht das Englische sein, auch nicht BSE-Englisch (Bad-Simple-Englisch), weil jeder, der etwas auf sich hält, dann vom BSE-Englisch zum richtigen Englisch will. Dieses aber ist weder eine kulturell neutrale noch etwa eine einfache Sprache. Es zeugt von der chronischen Unterbelichtung des Themas Kultur in der politischen Diskussion, dass dergleichen bisher weder auf europäischer noch auf Weltebene diskutiert wird.

Für all diese an sich richtigen und schönen Überlegungen sei es schon zu spät? Dieses Argument der falschen sozialen Anpassung werden spätestens unsere Nachkommen nicht gelten lassen.

Was kann die Einheits-Globalisierung stoppen?

Nirgendwo dringlicher zeigt sich die Notwendigkeit, die sozialen Aktions- und Wertebenen institutionell zu unterscheiden, dringlicher als auf Weltebene. Alles spricht von Globalisierung, als sei sie ein Naturereignis. Freilich ist sie für den Kapitalismus so systemnotwendig, wie es im *Kommunistischen Manifest* mit unübertroffener Brillanz und Aktualität vorhergesagt wurde.

Es geht aber darum, den wirtschaftlichen Kapitalismus zu „zähmen", selbst wenn dieses Raubtier dabei seine räuberische Natur verlieren muss. Besonders auf Weltebene bildet die jeweils höhere Ebene die Meta-Ebene oder den Maßstab für das, was auf der jeweiligen Ebene geschehen darf:

- **Politik als Meta-Ökonomie:** Wir brauchen ein internationales Recht, das den Terror der angeblich naturwüchsigen, dabei durch die kapitalistischen Privilegien (Geldvermehrung, Bodenreservierung) schon verfälschten Marktkräfte in den Griff nimmt, d.h. gerechte Marktwirtschaft erst herstellt. Den Terror des Kapitalismus zu beseitigen, ist ebenfalls Terrorismusbekämpfung.
- **Kultur als Meta-Politik:** Die Machtpolitik bedarf der Zähmung vom kulturellen Miteinander und vom Willen der Völker her, z.B. was das Selbstbestimmungsrecht der Völker angeht. Auch hier spricht man offiziell gern vom Terror derer, die sich traurigerweise gewaltsam wehren zu müssen meinen. Der Staatsterror ist kein Thema. Selbst grüne Außenminister argumentieren z.B. mit der Staatsräson Russlands, als würde es dem flächenmäßig größten Land der Welt an Territorium mangeln, wenn die eine oder andere Völkerschaft in teilweise oder gänzliche Autonomie ent-

lassen würde. „Alle Staatsgewalt geht vom Volke aus“, Herr Minister! Es ist die Arroganz der Mächtigen, die intelligente, friedliche Lösungen verhindert - und Terroristen züchtet im Treibhaus der Verlogenheiten.

- **Letztwerte als Meta-Kultur:** Das Miteinander der großen und kleinen Kulturen bedarf ethisch-spiritueller Maßstäbe. Von Nationen und ihrem Selbstbestimmungsrecht zu reden, wird nur gefährlich, wenn die Unterscheidung des Nationalen und Kulturellen vom Religiösen fehlt. Der deutsche Nationalsozialismus ist das offensichtlichste, wenngleich keineswegs das einzige und letzte Beispiel für die unheilvolle religiöse Aufladung des Nationalgefühls. Sie ist weltweit noch immer gang und gäbe. Deshalb meinen ja die Rationalisten unter den „Aufgeklärten“, Nationen seien am besten ganz abzuschaffen, ähnlich wie die Vielfalt der religiösen „Sprachen“. Doch regelmäßig kann gerade mit dem Wertvollsten der schlimmste Missbrauch getrieben werden. Hier hilft nur wirkliche statt flacher Aufklärung.
- Die historischen Religionen bedürfen ihrerseits philosophischer, **menschenrechtlicher Kontroll-Regeln**. Nicht alles, was für „religiös“ erklärt wird, kann demokratisch geduldet werden. Das musste von den christlichen Konfessionen mühsam erlernt werden. Selbst diese haben noch nicht voll begriffen, was weltanschaulich pluralistische Gesellschaft bedeutet. Dasselbe ist auch anderen Religionen abzuverlangen, wenn es etwa um Steinigungen, Verstümmelungen, Lebensbedrohungen für wirkliche oder vermeintliche Verbrechen geht. Es zeigt sich noch einmal das Paradox des Rechtsstaates: Recht ist nicht das höchste Prinzip zwischenmenschlicher Gemeinsamkeit. Aber es bildet die unentbehrliche Grundlage, die Negativnorm für alles, was in den Rechtsgrenzen geistig und physisch lebt.

Klarheit über die notwendige Vieldimensionalität der heranwachsenden, bewussten Einheit der Menschheit, steht der derzeitigen, eindimensional wirtschaftlich dominierten Globalisierung strikt entgegen. Die Menschheit braucht dazu transnationale Institutionen und wirksame Beschlüsse fassende Parlamente, ähnlich wie sie hier für die nationalen Demokratien dargelegt wurden.

Das bedeutet nicht Weltstaat im körperschaftlichen Sinne, aber doch weltweit wirksame, Freiheit gewährleistende Rechtsstrukturen. Erst wenn alle Rechtsgewalt tatsächlich und kontinuierlich vom Volke ausgeht, darf man das Demokratie nennen.

So dacht ich. Andernorts mehr.

Danksagung

Stellvertretend für viele, die mir wertvolle
Anregungen gegeben haben, danke ich
Hartmuth Lorenz und seiner Schweriner Demokratie AG sowie
Dr. Michael Ziege und dem Geldreform-Arbeitskreis in Dresden.

Cosmo B. Haldenwang sei herzlich gedankt für seinen unermüdlichen Einsatz mit dem Viergliederungs-Bus. Siehe das Foto unter: www.viergliederung.de

J. H.

Literatur

Gastfreundschaft der Kulturen. Multikulturelle Gesellschaft in Europa und deutsche Identität. Eine aktuelle Einmischung, 128 S., Die Blaue Eule, Essen 1994

Revolution der Demokratie. Eine Realutopie, 444 S., Maas Verlag, Berlin 2003; Bulgarische Übersetzung, Steno Verlag, Varna 2004; Russische Übersetzung, Steno Verlag, Moskau 2005

Logik des Sozialen. Woraus Gesellschaft entsteht. Eine erweiterte Neuauflage von "Reflexion als soziales System", 290 S., Steno Verlag,Varna, Sofia, München, Moskau, Warschau, Chelmsford/ Essex, Delaware 2005

Sprung aus dem Teufelskreis. Sozialethische Wirtschaftstheorie Band I, Geleitwort: Wilhelm Hankel, Nachwort: Rudolf Bahro, ca. 350 S., Steno Verlag, Varna, Sofia, München, Moskau, Warschau, Chelmsford/Essex, Delaware 2005

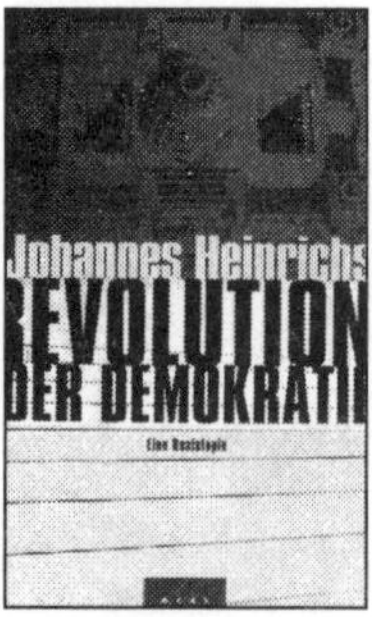

Revolution der Demokratie - Eine Realutopie

Der Sozialphilosoph Johannes Heinrichs erklärt, warum die Demokratie noch nicht funktioniert. Er begründet, auf spannende Art und Weise, den evolutionären Sprung in das Kreislaufsystem einer Vier-Parlamente-Demokratie: Grundwerte-, Kultur-, Politik- und Wirtschaftsparlament. Seine Real-Utopie bietet eine verblüffend einfache Lösung und fordert die schweigende Mehrheit heraus. Heinrichs' klare, originelle Sprache kommt ohne Fachjargon aus. Sein praktikabler Vorschlag für eine Evolution der Demokratie macht dieses Buch zu einem Werk von epochaler Bedeutung.

Johannes Heinrichs
ISBN 3-929010-92-5
Paperback, EUR 22,80

Logik des Sozialen - Woraus Gesellschaft entsteht

Hat es nie eine Lösung der Habermas-Luhmann-Debatte, des Konfliktes zwischen handlungstheoretischer und systemtheoretischer Sozialtheorie, gegeben? Mit der ersten Fasssung dieses Buches lag sie seit 1976 unter dem Titel *Reflexion als soziales System* vor. Zentral ist die Entdeckung einer sozialen, praktischen Reflexion und ihrer Stufenlogik. Daraus ergibt sich der Blick auf dynamische soziale Organismen. Eine "andere" Systemtheorie des Sozialen - ohne Entfremdung von den handelnden Subjekten.

Heute, nach dem Erscheinen von *Revolution der Demokratie* (2003), erkennt man leichter, wohin die neue Reflexions-Systemtheorie zielte. Die Vierstufung der interpersonalen Reflexion wird nicht allein zur Grundlage einer institutionellen Viergliederung des Parlamentarismus als Herz der Demokratie. Es wird sytematisch entwickelt, woraus Gesellschaft entsteht. Der Text führt also in die Brunnenstube einer zeitgemäßen Sozialtheorie mit einer Fülle praktischer Konsequenzen

Johannes Heinrichs
ISBN 954-449-199-6
Paperback, EUR 14,80

Sprung aus dem Teufelskreis - Sozialethische Wirtschaftstheorie, Band I

Die Welt des sich derzeit offensichtlich zu Tode siegenden Kapitalismus lebt in vielen Teufelskreisen. Innerhalb der Wirtschaft etwa die Schuldenfalle. Die wird für viele durch den Sozialabbau - der als "Reform" getarnt wird - nur noch unentrinnbarer. Die Alternative zur sogenannten "freien" Marktwirtschaft ist deren Freiheit ohne Anführungszeichen: Freiheit von Zinseszins und Selbstvermehrung des Geldes.

Der Autor nimmt darüber hinaus den Teufelskreis im Verhältnis von Wirtschaft und Politik aufs Korn: Darf Wirtschaft überhaupt die Welt regieren? Bleiben Kulturen und Grundwerte, sogar der "Primat der Politik", nur etwas für Feiertagsreden? Hier setzt der inzwischen international bekannte Ansatz der systemischen Viergliederungstheorie von Heinrichs an: Nur die Befreiung aller Ebenen des sozialen Systems kann auch zu einer "freien" Wirtschaft führen. Ein Buch für echte Reformer, die den Sprung wagen!

Johannes Heinrichs
ISBN 954-449-200-3
Paperback, EUR 20,00